JN375584

죽간(竹諫) 유전(劉荃) 선생 시문집

천년의 향기

감수 金 容 稷

번역 · 해설 姜 聲 尉

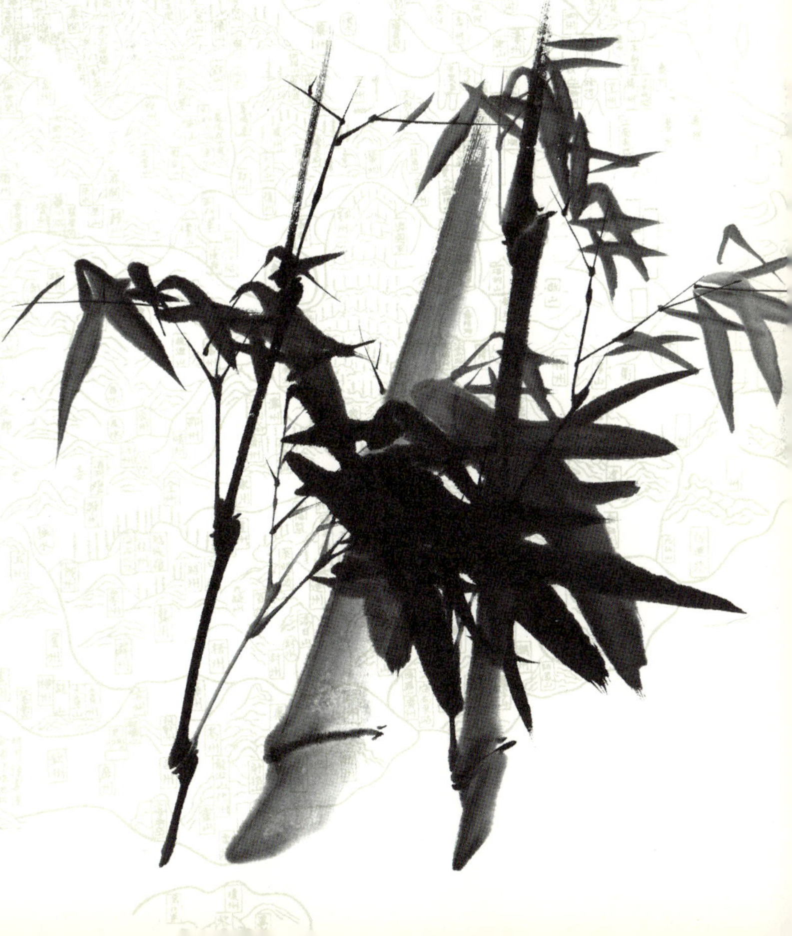

『천년의 향기』를 펴내며

우리의 문화유산으로 소중하게 간직해오던 죽간선생 유집(遺集)이 마침내 천년의 향기로 새롭게 태어났다.

죽간선생이 동도(東渡)하신지 천년!

10년이면 강산도 변한다는데 천년이란 세월은 강산이 100번이나 변하는 시간이니 참으로 긴 세월이다.

이 오랜 시간을 죽간선생의 시문은 서고에서만 머물고 있었다.

문양공 죽간(竹諫) 유전(劉荃)선생은 중국 한고조(漢高祖) 유방(劉邦)의 40세손으로서 송(宋)나라 신종(神宗) 때 정헌대부 병부상서를 지내셨다.

충직(忠直)한 도(道)가 조정에서 용납되지 않자 마침내 뜻을 같이한 칠학사(七學士)와 함께 동국(東國)에 오시니, 이 분이 우리나라 유(劉)씨의 동도시조(東渡始祖)가 되신다.

그때가 고려 문종(文宗) 36년(1082)이다.

선생의 유집(遺集)이 세상에 나타나기는 최근세의 일이다.

계묘년(癸卯, 1903)에 후손 인원(仁源) 공(公)이 우연히 영일군 기계촌(杞溪村)의 유(兪)씨 집 오래된 상자에서 선생의 천년 유집(遺集)을 발견하게 되었으니, 얼마나 다행한 일이었던가! 그러나 찾은 유집마저도 태반은 부스러지고 좀이 슬어 이지러지고 빠진 글자가 많아 겨우 시(詩)와 서(序) 기(記)뿐이었다.

당대의 훌륭한 한(漢)학자인 후손 세원(世源) 공은 이 유고(遺稿)가 크나큰 선조의 정신과 철학이 깃들어 있음을 깨닫고, 간행을 서둘러 판각본(板刻本)을 만들고, 이어서 신해년(辛亥 1911)에 시 135수, 서(序) 한 편, 기(記) 한 편의 ≪죽간선생일고(竹諫先生逸稿)≫를 출간했으니 만시지탄(晩時之歎)의 감이 없지 않다.

지나온 천추(千秋)의 세월, ≪죽간선생일고≫가 새롭게 번역되어 ≪천년의 향기≫로 세상에 선을 보이게 됨이, 마치 선생의 고아(高雅)한 풍모(風貌)를 가까이에서 대한 듯 벅차오른 감격을 억누를 길 없다.

특히, 편집에 있어 한문본(漢文本) 시(詩)를 이해하는 데 어려움을 감안, 현대감각을 살리면서도 역사적 고증 차원의 주역과 해설을 붙여 시를 음미(吟味)하는 데 도움이 되도록 하였다.

문득, 세원조(世源祖)의 일집 발문(發文) 끝자리에 붙인 한 구절이 생각난다. "훗날 조금이나마 형편이 나아지고 조리와 두서가 있게 되기를 기다렸다가 많이 인쇄하여 배포할 기약으로 삼는다"라는 염원을 천년이 지난 오늘의 후손들이 이루어 낸 것 같아 가슴 뿌듯하다.

선생의 시 속에 흐르는 사군(思君)과 우국애민(憂國愛民) 사향(思鄕)과 사우(思友) 그리고 산수(山水)를 즐기던 아취(雅趣)와 뜨거운 충정(忠情)이 담긴 『천년의 향기』가 역사와 학계의 관심을 불러일으키고 만인의 애독서(愛讀書)로 다가와서 시문학(詩文學)연구에도 크게 이바지하게 되기를 바라마지 않는다.

이 국역본이 발간되기까지 죽간선생의 시(詩)가 훌륭해서 번역을 맡겠다던 강성위 박사님, 이 좋은 시가 어디에서 나왔느냐며 흔쾌히 감수를 맡아주신 서울대 김용직 명예교수님, 공직에 바쁜 가운데 편집을 주간한 유영문 종친의 그간의 노고에 감사드리며, 우리 대종회에 큰일이 있을 때마다 아낌없이 도와주신 광주 유상종 종친의 출판비 헌성에도 깊은 감사를 드린다.

풍요로운 이 가을에 오늘 따라 구인재의 골 깊은 기와지붕에 햇볕이 따사롭게 느껴진다.

계사(癸巳)년 시월에
영천 구인재(求仁齋)에서

유 길 종(劉吉鐘)

천년의 긴 잠에서 깨어 났으니

-竹諫 劉荃 先生의 사화집(詞華集) 출간에 부쳐-

우리 민족문학사에서 한시 양식(漢詩 樣式)이 차지하는 체적(體積)은 참으로 듬직하며 또한 보람에 가득 차 있다. 그 제작, 발표에 참여한 이름에는 우리 예술과 지성사에서 별자리를 이룬 분들이 매우 많았다. 그들이 빚어낸 미학적 성과는 단연 다른 분야를 뒷전에 돌리고 남을 만한 것이었고 그 솜씨가 빚어낸 품격과 향기 또한 다른 봉우리와 골짜기를 발치에 거느린 웅봉거악(雄峰 巨嶽)의 느낌이 있는 것이다.

여기 사화집(詞華集)의 간행과 함께 비로소 그 모습을 드러내는 죽간 유전(竹諫 劉荃) 선생이 바로 그런 한시작가(漢詩作家)의 한 분이다. 선생은 우리나라 출신이 아니라 한족이 세운 송(宋)나라 태생이었다. 일찍 그 조정에 벼슬하여 정명(正名), 지치(至治)의 올곧은 벼리를 세우고자 하였으나 어지러운 상황, 여건이 그를 허용하지 않았다. 그로하여 선생은 고국을 등지고 고려에 귀화하였으며 남다른 인품과 뛰어난 식견으로 국리민복(國利民福)에 기여하는 삶을 사셨다. 아울러 그 독특한 내면세계를 차원 높은 생각과 가락에 담아 오늘 우리에게 아름다운 말과 가락의 시를 끼치신다.

지금 남아 전해지는 선생의 시는 절구와 율시들로 그 수는 통틀어 135수다. 이제 그들을 유형화해보면 대충 세 가지로 나누어진다. 그 하나가 성의정심(誠意正心), 외곬으로 마음을 갈고 닦아 하늘과 땅 사이에 부끄러움이 없기를 기하는 내용을 담은 시이며, 다른 하나가 물아일여(物我一如), 수기찰물(修己察物)의 겨를에 느낀 순응조화(順應調和)의 경지를 읊은 작품들이다. 선생의 시에서 셋째 유형이 되는 작품들이 스스로 버리고 떠나온 고국(故國)에 대한 그리움의 정을 실어 편 것들이다. 이런 경우의 좋은 보기가 <늦은 가을 중원의 옛 친구를 생각하며(晩秋憶中原故舊)>이다.

바다를 뛰어 넘어 돌아가지 못하느니　　不能超海去
고국 떠나 이리도 오래되었네　　落落久有分
한갓되게 시름낀 꿈만이 있고　　惟有勞勞夢
서풍에 구름만 북으로 가네　　西風渡北雲

이와 아울러 다음으로 손 꼽아야 할 것이 선생의 정신세계다. 이 단계에서 선생의 내면세계는 이미 시정속류(市井俗類)의 차원 너머에 있었다. 스스로가 택한 제이(第二)의 조국(祖國) 고려조정에 출사(出仕)하면서 전심전력(專心全力) 정치개혁과 예속 광정(匡正)의 길을 걷게 된 것이다. 그와 아울러 고향에 대한 그리움도 은원(恩怨)의 차원을 넘어 맑고 고즈넉한 가락으로 탈바꿈하였다. 선생의 시가 갖는 또 하나의 특징적 단면이 그 법식(法式) 지키기에 있다. 한시(漢詩), 특히 금체시(今體詩)

로 지칭되는 절구(絶句)와 율시(律詩)는 정확하게 압운을 써야 함은 물론, 각 행의 자수율과 함께 평측(平仄)을 가려서 써야 하는 양식이다. 위의 보기로 드러나는 바와 같이 선생의 시는 그 모두가 그런 작시(作詩)의 규범을 한 치도 어긋남도 없이 지킨 것이다.

지금 우리는 창작이 자유라는 이름 아래 너무나 지나치게 파격을 일삼는 시가 범람하는 시대를 살고 있는 중이다. 예술과 시를 내세운 가운데 한갖되게 방종과 광태가 물결치는 세상을 산다. 아무리 생각해도 예술과 문학의 본령(本領)은 방종과 일탈이 아니라 이성을 전제로 한 절제며 질서화가 아닐 것인가. 이 당연한 논리가 인정되는 자리에서 우리가 주목할 것은 우리 고전문학기에서 한 갈래를 이룬 한문시이다. 이제 죽간 선생(竹諫 先生)의 시가 그 전범(典範) 가운데 하나가 됨은 이미 앞에서 넉넉하게 확인한 바와 같다.

이제 선생이 가신지 강산을 열에 열갑절을 바꾼 세월이 아득히도 흘러가 버렸다. 이 세월의 흐름 속에서 다시 발굴, 소개되는 것이 선생의 이 사화집이다. 이 문화와 문학의 성사(盛事) 앞에서 우리가 어떻게 찬사와 박수를 아낄 것인가. 앞으로 우리 시사와 문학사의 갈피마다 죽간 유전(竹諫 劉荃)의 이름 넉자와 함께 선생의 작품들이 뚜렷이, 그리고 큼직하게 특필(特筆)되어 나오기를 빌고 바랄 따름이다.

김 용 직(金容稷, 서울대학교 명예교수, 대한민국학술원회원)

죽간 선생의 삶과 문학

1.

애초에 사람이 있고 시(詩)가 있었다. 그런데 사람은 가도 시는 남아, 천고(千古)의 세월 후에도 그 사람을 알게 해주니 어찌 시가 위대하지 않겠는가! 옛날에 어느 학자가 시를 논하여 '시품인품(詩品人品)'이라 하였다. 시품은 인품에서 비롯된다는 이 말은, 시를 통하여 그 사람의 사상과 감정, 그리고 그 인격까지도 알 수 있다는 뜻이다. 어쩌면 이 책에 수록된 죽간(竹諫) 유전(劉荃) 선생의 시야 말로 '시품인품'이라는 고대 문학 담론(談論)에 더없이 잘 어울리지 않을까 싶다. 그것은 선생처럼 솔직하고 담백하게 자신의 일상적인 삶과 생각, 심지어 그 인격까지도 고스란히 시 속에 투영시킨 시인들이 그리 흔하다고는 할 수 없기 때문이다.

2.

천년이라는 기나긴 잠에서 깨어난 이 시문집[1]의 저자인 죽간

1 천년이라는……시문집 : 죽간 선생의 시문집이 근 천년 동안 세상에 알려지지 않다가 지금으로부터 백여 년 전에 후손들에게 발견되어 전해지고 있기 때문에 칭한 말이다. 이에 관한 자세한 사항은 부록에 실린 <일집가(逸集歌)> 등을 참고하기 바란다.

유전 선생은 고려(高麗)에 귀화하여 우리나라 유씨(劉氏)의 동도시조(東渡始祖)가 된 송(宋)나라의 관리(官吏)이자 학자였다. 선생의 자는 원보(原甫)이며 죽간은 그의 호이다. 송 인종(仁宗) 신묘년(辛卯年 : 1051) 4월 8일에 한고조(漢高祖)의 40세손(世孫)으로 태어나 정헌대부(正憲大夫) 병부상서(兵部尙書)를 지냈다.

선생은 타고난 성품이 굳건하고 정직하였으며 학식과 도량이 깊고 넓었다. 구경(九經)과 제자백가(諸子百家)는 물론 천문지리(天文地理) · 복서(卜筮) · 의약(醫藥)에 이르는 책까지 두루 통달하여, 사람들이 세상을 경륜(經綸)할 통재(通才)로 칭송하였다. 일찍이 집현전(集賢殿)에서 조정의 음악을 논정할 때, 황제가 환관(宦官)을 참여시키자 선생이 극렬하게 간(諫)하기를, "환관이 직언(直言)을 배척하는 것은 제왕(帝王)의 성명(聖明)을 막고, 천하 사람들의 입에 재갈을 물리는 것"이라 하였다. 붕당(朋黨)에 관한 논의가 일어나자 선생이 친구에게 편지를 보내 말하기를, "소인 가운데 간교한 자는 과오(過誤)가 없는 듯하고, 군자 가운데 치우친 자는 하자(瑕疵)가 있는 듯합니다. 과오가 없는 듯하다 하여 마침내 그를 너그럽게 대하고, 하자가 있는 듯하다 하여 마침내 그를 버리는 것이 어찌 식견이 있는 자가 할 일이겠습니까?"라 하였다.

선생은 충간(忠諫)이 조정에서 끝내 용납되지 않자 뜻을 같이 하는 칠학사(七學士) 임팔급(林八汲), 설인검(薛仁儉), 허동(許董), 송규(宋圭), 최호(崔沍), 권지기(權之奇), 공덕수(孔德狩)와 함께 배를 타고 바다를 건너 동쪽으로 왔다. 처음에는 기계(杞溪:月城郡)에 살았으나 후에는 동거군(東居郡 : 永川郡)으로 옮겨가 살았는데, 이때 선생의 나이는 서른둘로 고려 문종(文宗) 36년이자 송나라 신종(神宗) 원풍(元豊) 5년인 1082년이었다.

동래한 이후에 선생은 분발하여 이단(異端)을 물리치고 유가(儒家)의 도(道) 밝히는 것을 본연의 임무로 삼아, 학교를 세우고 예악(禮樂)을 진흥시키는 등 큰 공을 세웠다. 후대의 학자들이 선생을 동방(東方) 성리학(性理學)의 비조(鼻祖)로 추앙하고, 임금에게 주청(奏請)하여 숭의전(崇義殿)에 배향(配享)되도록 한 것은 결코 우연이 아니었다. <신도비문(神道碑文)>과 <행록(行錄)> 등에서, "만년에 부르심에 응하여 임금의 정치를 보좌(補佐)하고 인도(引導)하였다."고 하며 선생의 출사(出仕)를 만년의 일처럼 기술하고 있지만, 필자의 견해로는 동래하고 얼마 지나지 않았을 때에도 벼슬에 몸담았을 것으로 여겨진다. 그 근거는 친구인 중국 사신과의 상봉과 작별을 다룬 시에서 찾을 수 있다.

선생은 <봉상국성초고인(逢上國星軺故人)>에서 황제의 안부를 물으며, "곤룡포 드리우고 여전히 평안히 계시온지?〔平安依舊袞裳垂〕"라 하였고, <송상국고인(送上國故人)>에서는 친구들에게 안부를 전해달라는 말로, "해동의 조정에 와 있더라고 말해 주시게.〔爲言來在海東朝〕"라 하였다. '의구(依舊)'라는 말은 "옛 모양과 다름이 없다, 옛날 그대로 변함이 없다."는 뜻이므로 알지 못하는 사람이나 알지 못하는 상황에서 쓸 수 있는 시어(詩語)가 결코 아니다. 또 '재해동조(在海東朝)'는 벼슬하고 있을 때가 아니면 결코 쓸 수 없는 표현이다. 선생이 동래할 당시 송나라 황제는 신종이었는데, 신종은 선생이 35세가 되던 해인 1085년에 세상을 떠났다.

그 후 7년 동안은 어린 철종(哲宗)을 대신하여 선인태후(宣仁太后)가 수렴청정하였으니, 선생이 친구인 중국 사신과 만나 황제의 안부를 물은 것은, 동래한 해인 1082년에서 1085년 사이에 있었던 일이 될 수밖에 없다. 애초에 선생이 신종황제가 세상을 떠난 것도 모르고 물어본 것으로 여긴다면 이는 사람의 정리(情理)와 너무 동 떨어지는 것이 된다. 자신이 모셨던 황제의 서거 소식을 사신인 친구를 통해 알고도 살아있는 황제인 듯 시에서 안부를 묻는다는 것은 말이 되지 않기 때문이다. 또 당시 황제가 신종이 아니었다고 한다면 철종이 될 수밖에 없는데, 제위(帝位)에 오르는 모습도 본 적이 없는 어리거나 젊은 황제의 안부를 물으면서 '의구(依舊)'라는 말을 사용했다는 뜻이 되니 이 역시 어불성설(語不成說)일 수밖에 없다. 결론적으로 이 두 편의 시는, 선생이 고려에 온지 얼마 되지 않아 고려의 조정에서 벼슬하였다는 사실을 분명하게 환기시켜 주는 것이라 할 수 있다.

선생은 임인년(壬寅年 : 1122) 2월 7일에 향년 72세로 세상을 떠났다.

3.

이 책은 죽간 선생의 '시문'과 '서', '기'로 구성되어 있다.

선생의 시문을 개괄하기에 앞서 우선 팔학사의 동래(東來) 시기와 관련하여 매우 중요한 단서를 제공하는 <억고국(憶故國)>이라는 시를 살펴보기로 한다.

예전에 이영각(邇英閣) 자리 더럽히고　　昔忝邇英席
외람스럽게도 성주의 지우(知遇) 입어　　猥蒙聖主知
벼슬이 가의의 자리로 옮겨가던 날은　　官遷賈誼日
어가(御駕)가 풍당 앞을 지날 때였지.　　輦過馮唐時
은혜에 조금도 보답하지 못하고는　　未效涓埃報
강호를 떠돌 일 기약하게 되었다네.　　謾尋湖海期
여러 해 나그네로 벼슬한지 오래니　　經年旅宦久
어느 날인들 돌이켜 생각하지 않으랴!　　何日不追思

이 시는 죽간 선생이 고려에서 벼슬을 살면서 조국인 송나라를 그리워하며 지은 것이다. 원문의 '이영석(邇英席)'은 '이영각(邇英閣)의 자리'라는 말로, 황제가 학식이 높은 신하들과 학문 등을 논하는 이영각의 경연(經筵)이라는 뜻이다. 그런데 이 이영각은 송나라 인종(仁宗) 경우(景祐) 2년(1035)에 설치된 전각(殿閣)이다. 오늘날 팔학사 후손의 문중마다 시조(始祖) 동래설(東來說)이 분분하지만, 이 시를 근거로 살피자면 동래 시기가 송나라 인종(仁宗), 고려 문종(文宗) 이후가 아닐까 생각된다.

지금까지 전해지는 죽간 선생의 시는 도합 136수이다. 그 가운데 오언절구(五言絶句)는 총 34수인데 <유계림사증법려(遊鷄林寺贈法侶)>는 3수로 구성된 연작시이고, <등계림봉황대

(登鷄林鳳凰臺)>와 <만추억중원고구(晚秋憶中原故舊)>는 각기 2수로 구성된 연작시이다. 오언율시(五言律詩)는 총 35수로 연작시는 없다. 다만 <춘야여제빈료대작(春夜與諸賓僚對酌)> 뒤에 보이는 <재첩(再疊)> 시는 논자에 따라서는 연작시로 볼 수도 있다. '재첩'이란 같은 주제로 시를 거듭 지을 때 두 번째 시의 제목으로 쓰는 말이기 때문이다. 칠언절구(七言絶句)는 총 39수이다. 연작시는 없지만 <지(紙)>, <필(筆)>, <묵(墨)>, <연(硯)>을 읊은 시 4수는 문방사우(文房四友)를 노래한 것이므로 연작시라 칭하여도 손색이 없을 것이다. 칠언율시(七言律詩)는 총 28수이며 역시 연작시가 없다.

≪죽간일고(竹諫逸稿)≫의 편배(編排)가 시형(詩形)에 따라 이루어진 것으로 보아, 애초의 유고집(遺稿集)에는 고체시(古體詩)[2]와 장단구(長短句)[3] 등이 분명 더 있었을 것으로 추정되지만, 현재로서는 확인할 길이 없다. 지금 전해지고 있는 시 또한 선생이 지은 근체시(近體詩)의 전부라고 할 수 있을 지는 미지수이다.

선생의 시(詩)가 양적으로 그리 많다고는 할 수 없지만, 내용상으로는 다양한 경향성을 잘 보여준다. 가슴속에 고인 갖가지 회포를 읊은 영회시(詠懷詩)와 철학적인 이치를 설파한 설리시

2 고체시(古體詩) : 당나라 때 격률을 철저하게 준수하는 근체시(近體詩)가 완성되고부터 이에 대한 상대적인 개념으로 사용된 된 말이다. 근체시 성립 이전의 시는 물론, 근체시 성립 이후의 시 가운데 근체시의 격률에 부합되지 않는 시까지 두루 포괄한다.

3 장단구(長短句) : 한 편의 시 안에서 장구(長句)와 단구(短句)를 함께 사용한 시라는 뜻이지만, 주로 사(詞)를 가리키는 말로 사용된다. 사는 중국의 당대(唐代)에 발생하여 송대(宋代)에 유행하였던 중국 운문의 한 양식이다.

(說理詩), 역사를 소재로 다룬 영사시(詠史詩), 물상(物像)을 음영(吟詠)의 대상으로 삼은 영물시(詠物詩) 등이 두루 갖추어져 있는데, 대부분의 시인들 시가 그러하듯 영회시가 분량 면에서 가장 많다. 선생의 영회시는 사군(思君)과 우국애민(憂國愛民), 사향(思鄕)과 사우(思友) 혹은 교유(交遊)를 주제로 한 시가 두드러진다.

선생의 시는 전체적으로 볼 때 매우 자연스러우며 군더더기가 없다. 그리하여 맑고도 깨끗하다는 인상을 준다. 그 기상은 고고(高古)하여 속세를 멀리 벗어났으나 가슴속 충정(忠情)은 언제나 뜨거웠고, 벗이나 지인에 대한 정의(情誼)는 늘 봄 햇살처럼 따뜻하였다. 또한 슬픔과 걱정, 기쁨과 즐거움조차 절제된 언어로 표현하여 결코 넘치는 법이 없었다. 시를 읽노라면 그러한 선생을 대면하고 있는 듯한 느낌이 분명 들게 될 것이다.

선생이 지은 산문(散文) 가운데 오늘날까지 전해지고 있는 작품으로는 서(序) 1편과 기(記) 1편 뿐이라 아쉽게도 그 면모를 전체적으로 살펴볼 길이 없다. 그리하여 여기서는 <부해소서(浮海小序)>와 <수송대기(愁送臺記)>에 대하여 간략히 살펴보는 것으로 그 아쉬움을 달래도록 한다.

<부해소서>는 '바다에 배를 띄운 일에 대한 짧은 글' 정도로 옮길 수 있는데, 선생이 동래한 직후에 이를 기념하여 지은 글로 보인다. 제목에 '서(序)'라는 글자가 있다고 하여 무슨 책의 서문(序文)이라는 뜻은 아니다. 선생이 '부해(浮海)'를 결행하게 된 직접적인 이유는 당시 정치적 상황에서 찾을 수 있지만, 정신적인 이유는 공자(孔子)가 "도가 행해지지 않으니, 뗏목

을 타고 바다에 떠서 떠나리라.〔道不行 乘桴浮于海〕"고 한 말에서 찾아야 할 것이다. 모든 것을 두고 떠나와야 했던 선생의 서글픔이 언어로 묘사되지는 않았어도 읽은 이의 가슴에 언외(言外)의 뜻으로 다가온다.

<수송대기>는 수송대가 완성된 후에 그 대(臺)를 위하여 선생이 쓴 기문(記文)인데, 기문의 주체가 선생으로 된 걸로 보아 대(臺)가 선생 개인의 소유가 아니었다면 선생이 그 축조(築造)를 주도하였을 것으로 여겨진다. 대는 건물 형식이 아니라 돈대(墩臺)[4] 형식이었을 공산이 크다. 고증에 의하면 오늘날 영천시 창구동에 있는 조양각(朝陽閣) 자리가 수송대였다고 한다. 대의 이름인 '수송(愁送)'은 동래한 일로 인한 시름[愁]을 보낸다[送]는 뜻이다. 대를 영욕(榮辱)과 희비(喜悲)를 잊는 바탕으로 삼아, 분수(分數)와 천명(天命)을 편안히 여기고 명리(名利)를 버리고서 유유자적하게 지내고자 하였던 선생의 염원이 잘 나타나 있는 글이다.

4.

이 책을 읽는 이들이 결코 간과해서는 안 될 것이라면, 죽간 선생의 묘소를 찾기 위하여 무던히도 애쓰신 분들이나 어려운 와중에서도 ≪죽간일고≫를 엮으신 분들, 그리고 또 오늘에 이

4 돈대(墩臺) : 경사면을 절토(切土)하거나 평지에 성토(盛土)하여 만든 계단 모양의 평탄지를 말하는데, 분수 · 연못 · 화목(花木) 등이 조성되는 조망을 위한 돈대와 성곽이나 변방의 요지에 구축하여 총구를 설치하고 봉수시설을 갖추는 방위를 위한 돈대가 있다.

책이 나오기까지 앞장서서 동분서주하며 심력(心力)을 다하신 강릉유씨대종회 유길종(劉吉鐘) 회장님을 비롯한 여러 후손들의 마음이 기실 한 가지라는 점이다. 조상의 높은 뜻과 학문을 기리고자 책을 엮고, 다시 번역본을 내는 것이 어찌 그저 종이뭉치나 보태는 부질없는 일이겠는가? 이러한 정성들은 하나의 감동으로 살아나, 물질로는 결코 가르칠 수 없는 소중한 가치를 후손들과 세상 사람들에게 각인(刻印)시켜 줄 것이 분명하다.

2013년 9월

문학박사 강 성 위(姜聲尉)

第一. 五言絶句

1. 自警
스스로에게 경계함 32

2. 浮海
바다에 배를 띄우고 34

3. 述懷
회포를 적다 36

4. 言志
뜻을 말함 38

5. 登八學山
팔학산에 올라 40

6. 戒酒
술을 경계함 42

7. 晩秋贈林學士八汲
늦은 가을에 임 학사 팔급에게 드리다 44

8. 月夜和薛學士仁儉
달밤에 설 학사 인검에게 화답하다 46

9. 與許學士董說衷
허 학사 동과 더불어 속내를 말하다 48

10. 秋蘭詩和宋御史大夫圭
추란시로 송 어사대부 규에게 화답하다 50

11. 與崔侍郎沍詠寶鑑
최 시랑 호와 보물 거울을 읊다 52

12. 贈權翰林之奇
권 한림 지기에게 드리다 54

13. 春日贈孔中郎德狩
봄에 공 중랑 덕수에게 드리다 56

14. 題愁送臺
수송대에 제(題)하다 58

15. 題八學山巖石
팔학산 암석에 제하다 60

16. 新羅懷古
신라 회고 62

17. 金陵古蹟
금릉의 옛 자취 64

18. 種竹自吟
대나무를 심고 스스로 읊다 66

19. 詠雪中松
눈 속의 소나무를 읊다 68

20. 早春賞梅
이른 봄에 매화를 감상하다 70

21. 玩物有感
물상을 감상하다 감회가 있어 72

22. 聽枕下泉
베갯가의 샘물소리를 듣고 74

23. 海上觀水
바닷가에서 물을 보며 76

24. 方池養魚喜其自得
연못에 물고기를 기르니 물고기 스스로가 뽐내는 걸 기뻐하며 78

25. 春雨
봄비 80

26. 春眠
봄잠 82

27~29. 遊鷄林寺贈法侶 三絶
계림사를 유람하고 스님께 드리다. 절구 세 수 84

30. 過鷄林古都聽玉笛
계림의 옛 도읍을 지나며 옥피리 소리를 듣다 90

31~32. 登鷄林鳳凰臺 二絶
계림의 봉황대에 올라. 절구 두 수 92

33~34. 晩秋憶中原故舊 二絶
늦은 가을에 중원의 친구를 생각하며. 절구 두 수 96

第二. 五言律詩

35. 題省中院壁
성(省) 안의 원(院) 벽에 제하다 102

36. 省中夜思
성 안에서 밤중에 생각에 잠기다 106

37. 退朝歸路與諸公口號
퇴조(退朝)하여 돌아가는 길에 여러 공들과 입에서 나오는 대로 시를 짓다 108

38. 春日雅會
봄날의 아회 110

39. 詠春風
봄바람을 읊다 112

40. 長夏苦熱
긴 여름날 더위로 고생하며 114

41. 秋月
가을 달 116

42. 冬雪
겨울 눈 120

43. 閒居感興
한가하게 지낼 때의 감흥 122

44. 送人之京
서울로 가는 사람을 전송하며 124

45. 同七學士登臨歸路言懷
칠학사와 함께 유람을 하고 돌아오는 길에 회포를 말하다 126

46. 逢芬篁寺玉上人問答
분황사 옥 상인(玉上人)을 만나 묻고 답하다 128

47. 春日獨坐
봄날에 홀로 앉아 132

48. 閒中卽事
한가한 가운데 즉흥으로 지은 시 134

49. 春晝偶吟
봄날 낮에 우연히 읊다 136

50. 春夜與諸賓僚對酌
봄밤에 여러 손님 및 동료들과 더불어 술을 마시다 138

51. 再疊
거듭 읊다 140

52. 贈李侍郎歸山
산으로 돌아가는 이 시랑에게 드리다 142

53. 憶故國
고국을 그리며 144

54. 秋感
가을날 감회 148

55. 歸第時途中旅館
집으로 돌아갈 때 도중의 여관에서 150

56. 歸第夜起看天
집으로 돌아와 밤에 일어나 하늘을 보다 152

57. 與客登高暮還
손님과 함께 높은 곳에 올랐다가 저물어 돌아오다 154

58. 王尙書致仕歸見訪
왕 상서가 벼슬을 그만두고 돌아가는 길에 방문하다 156

59. 朴侍郎乘暮見訪
박 시랑이 저물녘에 방문하다 158

60. 雨夕客到
비 내리는 저녁에 손님이 오시다 160

61. 寄京城諸友
도성의 여러 벗들에게 부치다 162

62. 贈崔翰林
최 한림에게 드리다 164

63. 登山與諸客寫懷
산에 올라 여러 손님들과 회포를 적다 166

64. 曾海山隱者
해산 은자에게 드리다 168

65. 雨後夜待所親獨吟
비온 뒤 밤에 친하게 지내는 이를 기다리다 혼자 읊다 170

66. 見南隣老叟作詩以戱
남쪽 이웃 노인을 보고 시를 지어 놀리다 172

67. 暮春遊林泉風浴而歸
저문 봄에 임천(林泉)에서 놀며 풍욕(風浴)을 하고 돌아오다 174

68. 與薛學士同寫卽景
설 학사와 더불어 즉경(卽景)을 함께 읊다 176

69. 三月晦日送人
삼월 그믐날에 사람을 전송하며 178

第三. 七言絶句

70. 賀李尙書病起
이 상서가 병석에서 일어난 것을 축하하며 182

71. 和金翰林退朝詩
김 한림의 <퇴조시(退朝詩)>에 화답하다 184

72. 獨夜吟
홀로 밤에 읊다 186

73. 與僚佐賓客談笑
속관(屬官) 및 손님들과 더불어 담소를 나누다 188

74. 京口春望
도성 어귀에서 봄을 조망(眺望)하고 190

75. 酬金山人來顧
김 산인이 찾아왔기에 수창(酬唱)하다 192

76. 送金山人歸故山
고향 산으로 돌아가는 김 산인을 전송하며 194

77. 與諸宰臣登樓
관원(官員)들과 더불어 누대에 올라 196

78. 退朝後獨賦
퇴조(退朝)한 후에 혼자 읊다 198

79. 永晝自遣
긴 낮에 스스로를 달래며 200

80. 兵衙講武
병부(兵部)에서 무예를 얘기하다 202

81. 逢上國星軺故人
친구인 상국의 사신을 만나다 204

82. 送上國故人
상국의 친구를 전송하며 206

83. 肇夏避暑
초여름의 피서 208

84. 夏日苦炎寫懷
여름날에 더위로 고생하며 심회를 적다 210

85. 憂日旱
날이 가문 것을 근심하며 212

86. 喜旱餘雨
가뭄 끝에 내리는 비를 기뻐하며 214

87. 秋凉憂龍樓不勝寒
가을이 서늘하여 궁궐에서 추위를 이기지 못하실까 걱정하며 216

88. 晩秋有感
늦가을에 감회가 있어 218
89. 辭官歸田園獨賦
관직에서 물러나 전원으로 돌아와 홀로 시를 짓다 220
90. 風月夜與客遣興
바람 부는 달밤에 손과 함께 흥을 돋우어 울적함을 풀다 222
91. 黃菊節登臨
중양절 유람 224
92. 喜豐年上瑞
풍년이라는 으뜸가는 상서로움을 기뻐하며 226
93. 田家詩
전가시(田家詩) 228
94. 織婦詞
베 짜는 아낙의 노래 230
95. 漁家翁
고기잡이 노인 232
96. 書燈
독서등(讀書燈) 234
97. 紙
종이 236
98. 筆
붓 238
99. 墨
먹 240
100. 硯
벼루 242
101. 讀書
책을 읽다가 244
102. 聽鵑
두견새 소리를 듣고 246

103. 聞鶯思故友
꾀꼬리 소리를 듣고 친구를 생각하며 248

104. 白鷗
흰 갈매기 250

105. 秋鴈
가을 기러기 252

106. 秋江歸帆
가을 강에 뜬 돌아가는 배 254

107. 秋蟬
가을 매미 256

108. 螢火
반딧불 258

第四. 七言律詩

109. 秋日遣悶
가을날에 답답한 마음 풀고자 262

110. 同林學士登江亭
임 학사와 함께 강가 정자에 올라 264

111. 隨同來諸學士登觀魚臺
함께 온 여러 학사들을 따라 관어대(觀魚臺)에 오르다 266

112. 泛舟遊海上說往蹟
배를 띄워 바다 위에서 놀며 지난 일을 얘기하다 268

113. 遊玉泉菴
옥천암에서 노닐다 272

114. 病起
병석에서 일어나 274

115. 千秋節祝壽
천추절 축수 278

116. 東宮冊禮獻賀
동궁 책봉례에 경하드리다 282

117. 兵衙試射
병부 관아에서 활쏘기를 시험하다 286

118. 兵衙講武
병부 관아에서 무예를 얘기하다 288

119. 立春
입춘 290

120. 上元夜玩月
정월 대보름 밤에 달을 구경하며 292

121. 客中寒食
객지에서 맞은 한식 294

122. 上巳日勝會
상사일의 즐거운 모임 298

123. 賀端陽頒扇
단오절(端午節)에 부채를 내려주신 것에 하례하며 300

124. 七夕夜卽景
칠석날 밤 눈앞의 경치 302

125. 九日登山飮
중양절에 산에 올라 술을 마시다 304

126. 冬至與客論懷
동지에 손님과 더불어 심회(心懷)를 논하다 306

127. 除夕
섣달 그믐밤 308

128. 觀海詩
바다를 바라보며 지은 시 310

129. 竹林七賢歌
죽림칠현을 노래함 312

130. 屈原詞
굴원을 노래함 314

131. 贈山居人
산속에 사는 사람에게 드리다 318

132. 早秋晩興
이른 가을 저물녘 흥취 322

133. 新秋逢鄭侍御
첫가을에 정 시어를 만나다 324

134. 和尹山人
윤 산인에게 화답하다 326

135. 輓權翰林
권 한림에 대한 만사 328

136. 輓南侍郎
남 시랑에 대한 만사 330

第五. 序

浮海小序
바다에 배를 띄운 일에 대한 짧은 글 334

第六. 記

愁送臺記
수송대기 338

第一. 五言絕句

自警
자 경

求道貧猶樂
구 도 빈 유 락

看書俗與疎
간 서 속 여 소

此心操不舍
차 심 조 불 사

然後復其初
연 후 복 기 초

* 操不舍(조불사) : ≪맹자≫에서 "잡아두면 남아있고 버려두면 사라져버리고 시도 때도 없이 드나들어 그 가는 곳을 알지 못하는 것은 오직 마음을 두고 이르는 것이다.(操則存 舍則亡, 出入無時 莫知其鄕 惟心之謂與)"라고 하였다.

스스로에게 경계함

도를 추구하면 가난도 오히려 즐겁고

책을 보면 세속(世俗)과는 멀어지는 법.

이 마음을 잡아 버리지 말아야 하는 건

그래야만 초심으로 돌아갈 수 있기 때문.

이 시는 죽간 선생이 스스로에게 경계한 좌우명(座右銘)과 같은 시로 전체 시의 서시(序詩)에 해당한다고 할 수 있다. 죽간 선생이 서시로 삼고자 작정하고 이 시를 지었던 것으로 보이지는 않지만, 이 시집을 엮은이가 이를 맨 첫머리에 둠으로써 죽간 선생의 지향(志向)이 잘 드러나게 하였으니, 엮은이의 안목과 애정이 대단했다고 할 수 있다. 죽간 선생이 추구한 도는 당연히 유가(儒家)의 도이고, 죽간 선생이 읽은 책 역시 유가의 경전(經典)이었을 것이다. 마음을 다잡아 초심(初心)으로 돌아가리라고 한 죽간 선생의 다짐을 통해 우리는 옛 선비들이 가슴속에 품었던 고원(高遠)한 이상(理想)-그것은 성현의 경지에 이르리라는 것이다.-의 한 단면을 엿볼 수 있다.

浮海
부 해

汪洋三萬里
왕 양 삼 만 리

何處是汀洲
하 처 시 정 주

正憶遼東客
정 억 요 동 객

古今恨共悠
고 금 한 공 유

---

* 汀洲(정주):보통은 물 가운데 있는 작은 사주(沙洲)를 가리키지만, 여기서는 배를 정박시킬 물가라는 뜻으로 쓰였다.
* 遼東客(요동객):요동으로 떠난 나그네. 방맹(逢萌)을 가리킨다. 그는 한(漢)나라 때 사람으로 왕망(王莽)이 한나라를 찬탈하자 가족을 이끌고 바다를 건너 요동으로 옮겨갔다고 한다. 보통 먼 길을 떠나 돌아오지 않는 나그네에 대한 비유어로 쓰인다.

바다에 배를 띄우고

가없는 바다 삼 만 리

어디가 배댈 물가일까?

마침 요동의 나그네 생각하나니

예나 지금이나 이별의 한은 길구나.

이 시는 죽간 선생이 학사(學士)들과 더불어 동래(東來)할 적에 선상(船上)에서 지은 시로 보인다. 그 옛날에 요동(遼東)으로 떠났던 방맹(逄萌)처럼 돌아가지 못할 처지임을 알았기에 이별의 한은 길기도 하리라 고 하였다.

述懷
술 회

一自東來後
일 자 동 래 후

那忘故國愁
나 망 고 국 수

美人長不見
미 인 장 불 견

難禁涕橫流
난 금 체 횡 류

* 美人(미인) : 여기서는 중국 송(宋)나라의 임금에 대한 비유어로 쓰인 말이다.

회포를 적다

이 몸이 한 번 동국에 온 뒤로

고국 향한 시름 어이 잊었으랴!

고운님 영원히 뵈올 길 없어

하염없이 흐르는 눈물 그치기 어렵네.

죽간 선생이 고려(高麗)에 귀화한 뒤 고국(故國) 송(宋)나라와 송나라의 황제를 그리워하며 지은 시이다. 이제는 돌아갈 수 없는 고국과 다시 만날 수 없는 임금에 대한 정회(情懷)가 안타깝기만 하다. 미인(美人)을 임금에 대한 비유어로 사용한 전통은 멀리 전국시대(戰國時代) 초(楚)나라의 충신 굴원(屈原)까지 거슬러 올라간다.

言志
언지

富貴不當淫
부귀부당음

貧窮何足慽
빈궁하족척

晩年終老方
만년종로방

自有湖山適
자유호산적

---

* 湖山適(호산적) : 호수와 산에 가다. 호수와 산에 대한 취미. 호수와 산은 자연을 제유(提喩)하는 말이다.

뜻을 말함

부귀하여도 함부로 하지 말지니

가난인들 어이 근심할 것 있으랴!

만년에 노경(老境) 보내는 방책은

호수와 산 즐기는 데 저절로 있네.

이 시 역시 <자경(自警)> 시와 마찬가지로 죽간 선생의 지취(志趣)를 노래한 것이다. 제1구의 '淫'은 '음람(淫濫)'의 의미로 무엇이든 과도하게 함부로 하는 것을 가리킨다. 부귀하다고 하여 교만해져서 함부로 해서는 안 되며, 가난하다고 하여 위축되어 근심만 해서도 안 된다는 것이 죽간 선생이 우리에게 전하는 메시지인 셈이다. 여느 선비들도 그러했듯 노경을 가난하게 살았던 죽간 선생은 대자연과 더불어 평화를 만끽하였다.

登八學山
등 팔 학 산

山名以學士
산 명 이 학 사

自我八人來
자 아 팔 인 래

其下成茅棟
기 하 성 모 동

逍遙堪樂哉
소 요 감 락 재

---

* 八人(팔인) : 팔학사(八學士). 죽간 선생과 임팔급(林八汲), 설인검(薛仁儉), 허동(許董), 송규(宋圭), 최호(崔沍), 권지기(權之奇), 공덕수(孔德狩)를 함께 칭한 말이다.

팔학산에 올라

산 이름을 학사로 한 것은
우리 여덟 사람이 오고부턴데
그 산 아래 초가 지어두고
한가하게 거닐자니 정말 즐길 만!

팔학사가 동국으로 건너 온 것을 기념하여 기계(杞溪: 浦項의 古號)에 있는 어느 산에 '팔학'이라는 이름을 붙이고, 그 산 아래에 초당(草堂)을 지어두고는 가끔씩 회동하여 즐겼던 듯하다. 팔학산은 팔학사의 산이라는 뜻이다.

戒 酒
계 주

宣 尼 不 及 亂
선 니 불 급 란

大 禹 遂 踈 儀
대 우 수 소 의

千 古 垂 深 戒
천 고 수 심 계

聖 人 豈 我 欺
성 인 기 아 기

---

* 宣尼(선니) : 한(漢)나라 평제(平帝) 때 포성선니공(褒成宣尼公)으로 추시(追諡)된 공자(孔子)를 가리킨다.
* 不及亂(불급란) : ≪논어(論語) · 향당(鄕黨)≫에서 공자(孔子)에 대하여, "술에는 일정한 주량이 없었으나 정신이 어지러워지는 데에는 이르지 않았다.〔唯酒無量 不及亂〕"고 하였다.
* 大禹(대우) : 하(夏)나라의 우(禹)임금을 높여 칭한 말이다.
* 踈儀(소의) : 의적(儀狄)을 소원하게 대하다. 의적은 우임금 때에 술을 잘 빚었던 사람이다. 우임금 이전까지는 감주(甘酒)만 있고 술은 없다가 우임금 때에 이르러 의적이 술을 만들어 바치자 우임금이 마셔 보고 이르기를, "후세(後世)에 반드시 술 때문에 나라를 망치는 자가 있을 것이다."라 하고는 마침내 의적을 멀리했다고 한다.

술을 경계함

공자는 어지러운 데 이르지 않았고

우임금은 마침내 의적 멀리하셨지.

천고토록 깊은 경계 드리웠나니

성인께서 어찌 우리를 속이실까?

술이란 잘 마시면 더할 수 없이 요긴한 약이 되는 것이지만, 잘못 마시면 모든 것을 앗아갈 수도 있는 치명적인 독이 되는 것이기도 하다. 옛 성현들이 그 폐해의 심각성을 일찍이 알았기에 이를 경계한 것이거늘 어찌 그 말이 허언(虛言)이겠는가고 반문(反問)하였다.

晩秋贈林學士 八汲
만 추 증 임 학 사 팔 급

黃菊秋香晩
황 국 추 향 만

蒼葭露意寒
창 가 로 의 한

此時多夢想
차 시 다 몽 상

懷抱向誰寬
회 포 향 수 관

늦은 가을에 임 학사 팔급에게 드리다

노란 국화엔 가을 향기 늦도록 있고

푸른 갈대엔 내린 이슬 뜻이 차네요.

이즈음 떠오르는 생각 많을 터인데

마음속 회포는 누구에게 푸실까요?

팔학사의 한 사람인 임 학사를 그리워하며 써서 전한 시이다. 국화는 여전히 향기롭고 갈대는 차갑게 느껴지는 늦은 가을이면 마음속에 수많은 생각이 일어날 터이니, 언제 회포를 풀러 오시라는 메시지를 담은 일종의 초청장이라 할 수 있다.

月夜和薛學士 仁儉
월 야 화 설 학 사 인 검

情路日相訪
정 로 일 상 방

頻頻眼拭青
빈 빈 안 식 청

知心常淡泊
지 심 상 담 박

風月滿空庭
풍 월 만 공 정

* 眼拭青(안식청) : 눈을 비벼 해맑게 한다는 말로 반가운 눈빛으로 대한다는 뜻이다. 죽림칠현(竹林七賢)의 한 사람인 완적(阮籍)이 상주가 되었을 때 혜희(嵇喜)가 예절을 갖추어 조문하니 흘기는 눈[白眼]으로 대하고, 혜강(嵇康)이 술과 거문고를 가지고 찾아오니 기뻐하며 반가운 눈[青眼]으로 맞이했다는 고사가 있다.

달밤에 설 학사 인검에게 화답하다

정든 길로 날마다 서로 오가며

자주도 눈 비벼 해맑게 하였음에

알지요, 그대 마음이 늘 담박하여

바람과 달빛도 빈 뜰에 가득함을!

설인검 학사 역시 팔학사 가운데 한 명이다. 죽간 선생과는 그리 멀지 않은 곳에 살고 있어 자주 내왕하였던 것으로 보인다. 바람과 달빛을 빌어 설 학사의 맑고 깨끗한 마음을 그림처럼 그려낸 시이다.

與許學士董說衷
여허학사동설충

生平深許己
생평심허기

無處不相隨
무처불상수

講道論經席
강도논경석

嘉言解我頤
가언해아이

* 解我頤(해아이) : 내 턱을 빠지게 하다. '解頤'는 보통 남을 크게 웃게 한다는 뜻으로 쓰이지만, 여기서처럼 감복(感服)하게 한다는 뜻으로 쓰이기도 한다.

허 학사 동과 더불어 속내를 말하다

평생토록 지기로 깊이 받아들여서

서로 따르지 아니한 곳 없었는데

도(道)와 경전을 강론하는 자리에서

아름다운 말이 내 턱 빠지게 했지요.

죽간 선생은 평생의 지기(知己)로 여긴 허동 학사와도 자주 왕래하며 도(道)와 경전(經典) 등에 대하여 토론하였던 듯하다. 제2구는 허 학사와 함께 한 적이 많았음을, 제4구는 허 학사의 의견이 고매(高邁)하였음을 말한 것이다.

秋蘭詩和宋御史大夫圭
추 란 시 화 송 어 사 대 부 규

百卉彫零節
백 훼 조 령 절

幽香獨自含
유 향 독 자 함

可愛紉爲佩
가 애 인 위 패

行吟屈子潭
행 음 굴 자 담

---

* 秋蘭詩(추란시) : '가을 난초를 노래한 시'라는 뜻이다.
* 제1구의 '彫'는 '凋'의 오자(誤字)이다.
* 紉爲佩(인위패) : 난초를 꿰어 허리에 찬다는 뜻으로 ≪초사(楚辭) · 이소(離騷)≫에서, "가을 난초를 꿰어 허리에 차노라.〔紉秋蘭以爲佩〕"고 한 데서 온 말이다.
* 屈子潭(굴자담) : 굴자는 전국시대 초회왕(楚懷王)의 충신 굴원(屈原)을 가리킨다. 그는 일찍이 소인의 참소로 조정에서 쫓겨나 물가[潭]를 거닐다가 <어부사(漁父辭)>를 지었는데 거기에서, "온 세상이 다 흐리거늘 나 홀로 맑고, 모든 사람이 다 취했거늘 나 홀로 깨어있는지라, 이 때문에 쫓겨나게 되었다.〔擧世皆濁我獨淸 衆人皆醉我獨醒 是以見放〕"라 하였다.

추란시로 송 어사대부 규에게 화답하다

온갖 초목 시들어 떨어지는 철,

그윽한 향기 홀로 머금었구나.

꿰어 허리에 찰 수 있어 어여쁘니

굴원의 물가 거닐며 시 읊으리라.

이 시는 기본적으로 죽간 선생이 스스로를 굴원(屈原)에 비긴 것이지만, 어사대부 송규(宋圭)를 또 굴원에 비긴 것으로도 볼 수 있다. 난초를 찬다는 것은 고결(高潔)한 지취(志趣)를 뜻하므로 이 시는 혼탁한 세속과는 타협하지 않겠다는 정신을 노래한 것이라 할 수 있다.

與崔侍郎 沍 詠寶鑑
여 최 시 랑 호 영 보 감

影圓銀漢月
영 원 은 한 월

光淨玉堂氷
광 정 옥 당 빙

但願修心德
단 원 수 심 덕

明如是鑑澄
명 여 시 감 징

---

* 寶鑑(보감) : 보물 거울.
* 影圓(영원) : 둥근 그림자. 거울의 생김새를 나타낸 말이다.
* 銀漢(은한) : 은하, 은하수.
* 玉堂(옥당) : 옥당에는 여러 가지 뜻이 있으나 여기서는 신선의 처소라는 의미로 쓰인 듯하다.

최 시랑 호와 보물 거울을 읊다

둥근 그림자는 은하에 뜬 달인 듯
맑은 빛은 옥당의 얼음인 듯…
그저 원하는 것이라면 마음의 덕 닦아
환하기가 이 거울처럼 말쑥해지는 것.

죽간 선생이 최 시랑과 감상한 거울이 누구의 것인지는 분명하지 않지만 보물 거울로 일컬어도 손색이 없을 정도로 명품이었을 것이다. 옛사람들은 거울이 물상을 비추듯 마음을 비출 수도 있는 것으로 여겨 마음을 수양하는 도구로 삼았기 때문에 제3, 4구와 같은 염원이 있게 되었다.

贈權翰林之奇
증권한림지기

卜宅東溟上
복택동명상

與君好比隣
여군호비린

莫言舊國事
막언구국사

隨處摠傷神
수처총상신

* 卜宅(복택) : 살만한 곳을 골라서 정한다는 뜻의 복거(卜居)와 같은 말이다.
* 舊國(구국) : 중국 송조(宋朝)를 가리킨다.
* 隨處(수처) : '가는 곳마다'라는 뜻이나 편의상 '처처(處處)'의 의미로 풀었다.

권 한림 지기에게 드리다

동해(東海) 바닷가에 집을 지어

당신과는 좋은 이웃이 되었나니

옛 나라의 일은 말하지 마십시오,

곳곳의 모든 게 마음 아프게 하니…

죽간 선생은 권 한림이 가끔 송조(宋朝)의 일을 얘기하는 게 무척 신경 쓰였나보다. 송나라는 이제 돌아갈 수 없는 타국(他國)이 되었으니 말을 하여 무엇 하겠는가! 눈앞에 보이는 모든 것들이 그저 마음 아프게 할 뿐이거늘…

春日贈孔中郎德狩
춘 일 증 공 중 랑 덕 수

萬國花爭發
만 국 화 쟁 발
和風滿大東
화 풍 만 대 동
東是仁端屬
동 시 인 단 속
相偲體物工
상 시 체 물 공

* 仁端(인단) : 인의 실마리[仁之端]. 맹자(孟子)가 말한 사단(四端) 가운데 측은지심(惻隱之心)은 인의 실마리[仁之端]인데 방위로는 동쪽에 해당되기 때문에 동쪽을 인단이라 한 것이다. '端'에는 실마리라는 뜻 외에도 '끝'이라는 뜻도 있다.
* 相偲體物工(상시체물공) : 만물의 공려(工麗)함을 체현하는 데에 서로 힘쓴다는 뜻으로 꽃이 다투어 피어나는 것과 온화한 바람이 천지에 가득한 것을 철학적으로 해석한 말이다.

봄에 공 중랑 덕수에게 드리다

온 나라에 꽃 다투어 피어

온화한 바람이 대동에 가득합니다.

동쪽은 인단에 속하는 곳이라

힘써 만물의 공려함 체현하는 거겠지요.

죽간 선생에게 대동(大東:우리나라)의 봄은 예사롭지 않았을 것이다. 동쪽이 인(仁)의 방향이라 꽃 피고 바람 부는 것조차 인의 실천으로 해석하는 유학자적(儒學者的) 태도가 유감없이 드러난 시이다.

題愁送臺
제수송대

襟氣多秋色
금기다추색

登臺送遠愁
등대송원수

無人知此意
무인지차의

何處是中州
하처시중주

* 題(제) : 정자나 누각을 포함한 건물의 기둥이나 벽, 탑, 책, 그림, 궤짝과 같은 기물에 적어두는 것을 전제로 짓는 시에서 읊는 대상 앞에 적는 말로, 대상에 대한 감수를 읊은 시가 대부분인데, 이런 시를 보통 '제시(題詩)', '제기시(題記詩)'라 한다.
* 愁送臺(수송대) : 오늘날 영천시 창구동에 있었던 누대로 고려 공민왕 17년(1368)에 새로 지어져 명원루(明遠樓)로 불렸으며 그 명원루가 변하여 조양각(朝陽閣)이 되었다고 한다. 조양각은 정몽주(鄭夢周)를 기념하는 정자로 영남 7루 가운데 하나이다. 조양각의 현재 건물은 인조 16년(1638)에 중건한 것이다.
* 襟氣(금기) : 옷깃에 드는 기운, 곧 바람이라는 뜻이다.
* 中州(중주) : 중국(中國)을 가리킨다.

수송대에 제(題)하다

옷깃에 드는 기운 가을빛 짙은데
누대 올라 멀리로 시름 보내노라.
이 뜻을 아는 이가 없나니
어느 곳이 중원(中原) 땅일까?

수송대에 올라 지은 이 시는 죽간 선생의 고국인 송나라에 대한 그리움을 노래한 것이다. 고려로 온 후로 적지 않은 세월이 흘렀을 터이지만 그리움은 다함이 없어 "이 뜻을 아는 이가 없다."고 하였다.

題八學山巖石
제 팔 학 산 암 석

石老苔凝面
석 로 태 응 면

山深地有名
산 심 지 유 명

此間多藥草
차 간 다 약 초

能醫俗病萌
능 의 속 병 맹

팔학산 암석에 제하다

돌이 늙어 바위 얼굴에 이끼 엉기고

산이 깊어 땅은 이름이 났는데

이 산속에 약초가 많으니

싹트는 세속의 병 고칠 수 있으리.

돌이 늙었다고 한 것은 오래된 돌을 시적으로 표현한 말이다. 고려 말의 문신이자 학자인 목은(牧隱) 이색(李穡)이 지은 <부벽루(浮碧樓)>라는 시에서, "돌은 늙고 구름은 천 년의 세월을 지켜왔네.〔石老雲千秋〕"라 하였다. 이 시에서 말한 '속병(俗病)'은 인간 세상에 존재하는 실제의 병을 가리킬 수도 있지만 세속에 물든 잡념 등을 가리키는 말로도 볼 수 있어 그 의미가 심장하다.

新羅懷古
신 라 회 고

公子繁華地
공 자 번 화 지
年年秋草荒
년 년 추 초 황
興亡天有命
흥 망 천 유 명
曾未繫苞桑
증 미 계 포 상

---

* 公子(공자) : 귀공자(貴公子).
* 繫苞桑(계포상) : 뽕나무 뿌리에 매다. 포상(苞桑)은 ≪주역(周易)≫의 비괘(否卦) 구오(九五)에 있는 말로 무더기를 이룬 튼튼한 뽕나무 뿌리를 말한다. 비괘에서 "망할 것이다 망할 것이다 하여 무더기로 난 뽕나무 뿌리에 잡아맨다.[其亡其亡 繫于苞桑]'라 한 것은 나쁜 운이 다한 뒤에 좋은 시대로 이끌어 나간다는 내용이지만 죽간 선생은 이 역시 천명을 초월할 수는 없는 것으로 인식하였다.

신라 회고

귀공자들 붐벼 번화하던 땅에
해마다 가을 풀만 황량하여라.
흥망이야 천명에 달린 것이니
일찍이 뽕나무 뿌리에 맬 게 아니었지.

이 시는 옛 왕조(王朝) 신라를 생각하며 쓴 회고시(懷古詩)이다. 통상적으로 회고시는 지나간 옛 자취를 돌이켜 생각하며 지은 시를 가리키는데 그 대상은 이미 사라진 나라나 가버린 사람, 폐허가 된 기물 등이 된다. 나라의 흥망은 천명(天命)에 달린 것이어서 인위적으로 조절할 수 있는 것이 아니라고 보는 죽간 선생의 견해는 다소 숙명론으로 흐르고 있는 듯하지만, 귀공자들의 화려한 생활이 나라를 멸망으로 이르게 한 하나의 계기가 된 것으로 파악한 견해는 확실히 독론(篤論)이라 할 만하다.

金陵古蹟
금 릉 고 적

駕洛千年國
가 락 천 년 국

人亡餘古都
인 망 여 고 도

樓臺多壯觀
누 대 다 장 관

良可擅名區
량 가 천 명 구

* 金陵(금릉) : 오늘날 경남 김해(金海)를 칭한 말이다.
* 駕洛(가락) : 김수로왕(金首露王)이 세운 가락국(駕洛國), 곧 가야(伽倻)를 가리킨다.

금릉의 옛 자취

가락국은 천 년 전의 나라,

사람은 가고 옛 도읍만 남았네.

누대마다 빼어난 경관 많으니

정녕 이름 드날린 곳이었으리.

김해에서 죽간 선생이 천여 년 전에 있었던 나라인 가야를 회고하며 지은 시이다. 그 시절 사람들은 다 죽고 사라졌지만 옛 도읍과 그 도읍의 영화(榮華)를 웅변하는 아름다운 누대는 남아 있으니 흘러버린 세월이 무던히도 무상하게 느껴졌으리라.

種竹自吟
종 죽 자 음

蕭蕭蒼立玉
소 소 창 립 옥

直節自然天
직 절 자 연 천

我愛如君子
아 애 여 군 자

種爲庭實焉
종 위 정 실 언

* 蕭蕭(소소) : 초목이 바람에 흔들리는 소리.
* 庭實(정실) : 본래는 조정의 뜰에 늘어놓은 공물(貢物)을 가리키는 말이지만 여기서는 그런 공물과 같은 물건을 가리키는 말로 쓰였다.

대나무를 심고 스스로 읊다

서걱서걱 파랗게 서 있는 옥,

곧은 절개는 자연스런 천성!

군자 같은 그대를 내 사랑하여

심어다 조정의 공물로 삼으려 하네.

죽간 선생이 호(號)에 '竹'자를 쓴 것만 보더라도 대나무에 대한 애정이 어떠했을까는 충분히 짐작할 수 있는 것이다. '파랗게 서 있는 옥'은 심어놓은 대나무를 시적으로 일컬은 말이다. 옛 선비들은 대나무를 무척이나 사랑하여 손수 가꾸는 수고도 마다하지 않았다. 대나무의 그 푸르고 곧은 속성을 배우고 잊지 않으려 한 죽간 선생의 뜻은 이 시 속에 그대로 녹아있는데 세상 사람들은 이 시를 통해 무엇을 배우려할까?

詠雪中松
영 설 중 송

蒼蒼冬獨秀
창 창 동 독 수

霜雪莫能侵
상 설 막 능 침

非但材成棟
비 단 재 성 동

最憐不變心
최 련 불 변 심

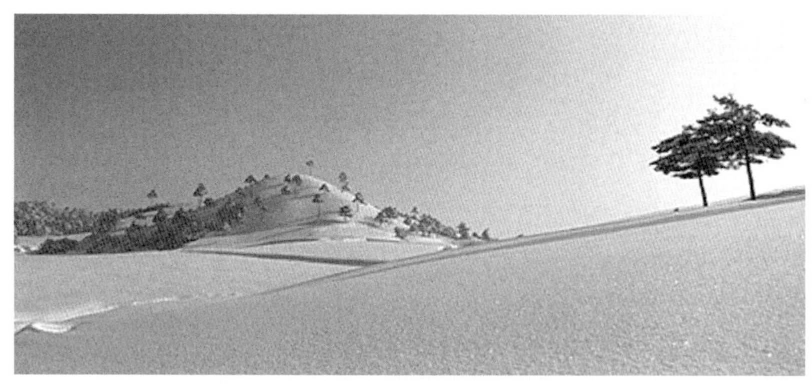

눈 속의 소나무를 읊다

겨울에도 홀로 푸르게 빼어나

서리도 눈도 능멸할 수 없는데

재목이 동량이 될 뿐만 아니거늘

가장 사랑스런 건 변함없는 마음!

눈 속의 소나무를 예찬한 시이다. 훌륭한 재목이 되는 데에 그치지 않고 눈서리에도 꺾이지 않는 소나무는 고결함을 지향한 죽간 선생에게 하나의 의표(儀表)가 되었을 것이다. 제4구에서 얘기한 변하지 않는 마음이란 소나무의 기개를 예찬한 말이지만 죽간 선생의 마음 또한 그러고 싶다는 것이다.

早春賞梅
조 춘 상 매

冰心經雪淡
빙 심 경 설 담

玉骨得春肥
옥 골 득 춘 비

暫作尋芳客
잠 작 심 방 객

騎驢帶月歸
기 려 대 월 귀

---

* 冰心(빙심) : 얼음 같이 깨끗한 혼. 매화의 고결함을 상징적으로 표현한 말이다.
* 玉骨(옥골) : 옥같이 맑은 뼈라는 뜻으로, 매화의 꽃잎을 시적으로 칭한 말이다.

이른 봄에 매화를 감상하다

얼음 같은 혼이 눈 겪고도 담담하여

옥 같은 뼈가 봄을 얻어 살이 쪘네.

잠시 꽃을 찾은 나그네 되었다가

나귀 타고 달 데리고 돌아가노라.

'빙심(氷心)'과 '옥골(玉骨)'은 매화의 아름다운 모습을 형용하는 말로 흔히 쓰이는데, 이 시는 여기에 다시 나귀를 탄 나그네와 달빛을 더하여 몽환적인 분위기를 만들어내고 있다. 매화가 사랑스러워 달이 뜰 때까지 감상한 은자의 마음도 매화처럼 맑고 깨끗한 것이었으리라.

玩物有感
완 물 유 감

默看萬物理
묵 간 만 물 리

榮衰有洪纖
영 쇠 유 홍 섬

天道亦如彼
천 도 역 여 피

消長不待占
소 장 부 대 점

* 榮衰(영쇠) : 성쇠(盛衰).
* 洪纖(홍섬) : 넓고 큰 것과 가늘고 작은 것을 가리킨다.
* 消長(소장) : 성쇠와 같은 말이지만, 이 시에서는 '성쇠의 운수[消長之數]'라는 뜻으로 쓰였다.

물상을 감상하다 감회가 있어

만물의 이치를 가만히 살펴보니

성쇠의 차이에 크고 작음이 있네.

하늘의 도(道) 또한 저와 같거늘

성쇠의 운수야 점칠 필요 없으리.

이 시는, 만물은 무엇이나 영고성쇠(榮枯盛衰)의 길을 가는 것이지만 그 성쇠에도 크고 작은 것이 있으니 성쇠의 운수 따위는 점칠 필요가 없다고 한 것이다. 자기가 할 일이 무엇인지를 알아 그것을 묵묵히 실천하는 것이 하늘의 도를 따르는 것이리라.

聽枕下泉
청 침 하 천

潺潺長不舍
잔 잔 장 불 사

鳴入枕邊窗
명 입 침 변 창

挹洗塵間慮
읍 세 진 간 려

淸明在我腔
청 명 재 아 강

---

* 枕下泉(침하천) : 베갯가의 샘물(소리). '泉'을 개울물로 보아도 무방하다.

* 潺潺(잔잔) : 물이 졸졸졸 흐르는 소리.

베갯가의 샘물소리를 듣고

졸졸졸 쉬지 않고 흘러가는 샘물,

그 소리 베갯머리 창으로 들어와

속세에 찌든 생각 깨끗이 씻어가

청명함만 내 맘속에 남게 되었네.

이 시는 샘물 소리가 방안으로 들어와 내 찌든 생각을 씻어가서 마음속에는 청명함만 남게 되었음을 얘기한 것이다. 그 구도(構圖)에 한 치의 빈틈도 없는 이 시는 죽간 선생이 얼마나 치열하게 작시(作詩)에 임했는가 하는 점을 여실하게 보여준다.

海上觀水
해 상 관 수

渺茫不見涯
묘 망 불 견 애

巨浪連空直
거 랑 연 공 직

誰道天吳移
수 도 천 오 이

也應虛費力
야 응 허 비 력

* 天吳(천오) : 사람 얼굴에 머리가 여덟 개 달렸다는 해신(海神)의 이름이다.

바닷가에서 물을 보며

멀고 아득하여 끝이 보이지 않는데

큰 물결이 하늘에 닿도록 곧추선다.

누가 말하는가! 천오가 옮겨와

또 헛되이 힘을 쓰는 것이라고…

제2구의 '연공직(連空直)'은 높은 파도가 이는 모습을 형용한 것이다. 제3구와 제4구는 이른바 십자구(十字句: 열 글자가 하나의 문장을 이루는 시구)로 해신인 천오가 이 바닷가로 와서 장관(壯觀)을 연출하는 것을 예찬한 것이다.

方池養魚喜其自得
방 지 양 어 희 기 자 득

活水引方塘
활 수 인 방 당

洋洋魚細泳
양 양 어 세 영

我非奇玩耽
아 비 기 완 탐

祗喜遂其性
지 희 수 기 성

* 方池(방지) : 네모진 연못이라는 뜻이다. 아래의 '방당(方塘)'도 같은 의미이다.
* 自得(자득) : 스스로가 뽐내며 우쭐거리다.
* 活水(활수) : 솟아오르거나 움직이는 물.
* 洋洋(양양) : 의기양양하게, 팔팔하게.

연못에 물고기를 기르니
물고기 스스로가 뽐내는 걸 기뻐하며

흐르는 물을 연못에 끌어들이니

팔팔하게 물고기가 헤엄을 친다.

내가 별난 재미 탐하는 게 아니라

물고기가 천성 따르는 걸 즐길 뿐…

반듯하게 연못을 만들어 물을 대고 물고기를 풀어 놓았더니 물고기가 팔팔하게 헤엄치는 게 무척이나 사랑스러웠던가 보다. 미물이라도 그 천성에 순응하는 모습은 아름다울 수밖에 없다. 죽간 선생은 바로 그 아름다움을 즐겼던 것이다.

春雨
춘 우

滴滴如膏油
적 적 여 고 유

群生各自樂
군 생 각 자 락

三農賴以登
삼 농 뢰 이 등

將見豐謠作
장 견 풍 요 작

---

* 膏油(고유) : 등잔 같은 데에 쓰는 기름. 본디 동물성 기름을 '膏', 식물성 기름을 '油'라 하였다.
* 三農(삼농) : 평지(平地), 산간(山間), 수택(水澤) 등지에 위치한 세 종류의 전답(田畓)을 말한다.
* 豐謠(풍요) : 풍년가(豊年歌).

봄비

봄비 방울이 기름과도 같음에
뭇 생물 각자가 즐거워하누나.
삼농이 여기 힘입어 농사 잘되어
풍년가 지어지는 것 보게 되리라.

농사를 짓는 사람들에게 반가운 봄비는 기름만큼이나 소중한 것이다. 그 봄비에 힘입어 한 해 농사가 잘 되어 풍년가가 울려 퍼지기를 기원하는 죽간 선생의 간절한 마음은 바로 애민정신(愛民精神)의 발로(發露)이다.

春眠
춘 면

靜裏掩書眠
정 리 엄 서 면

草堂春日午
초 당 춘 일 오

夢醒思往蹟
몽 성 사 왕 적

啼鳥亂窺户
제 조 란 규 호

봄잠

고요한 가운데 책 덮고 잠들었더니

초가에 봄날 해가 한낮이 되었구나.

꿈에서 깨어나 지난 일 생각하니

우는 새들 어지럽게 문틈 엿보네.

별일이 없어 고요한 때에 책으로 얼굴을 가리고 잠을 자는 것 또한 은자의 삶을 사는 자가 누릴 수 있는 행복이다. 그러다 깨어나서 보니 시간은 벌써 한낮이 되었다. 잠시 지난 자취를 돌아보며 생각에 잠겨있으려니 새들이 지저귀는 소리가 두서없이 들려온다. 이를 새들이 문틈을 엿본다고 한 표현이 무척 재미있다. 당연히 지저귀는 새들을 싫어하지 않았다는 뜻이니 이는 자연 속에 묻혀 사는 자만이 맛볼 수 있는 평화이리라.

遊鷄林寺贈法侶　三絶
유 계 림 사 증 법 려　삼 절

鷄林眞別境
계 림 진 별 경

僧在白雲間
승 재 백 운 간

好伴松陰鶴
호 반 송 음 학

高飛絶俗寰
고 비 절 속 환

---

* 鷄林寺(계림사) : 경주시(慶州市)에 있었던 사찰 이름.
* 法侶(법려) : 보통은 함께 불법을 닦는 승려라는 뜻으로 쓰이지만 여기서는 스님에 대한 존칭어로 쓰였다.
* 別境(별경) : 별천지(別天地)와 같은 말이다.
* 俗寰(속환) : 속세(俗世)와 같은 말이다.

계림사를 유람하고 스님께 드리다 절구 세 수

계림사는 진실로 별천지(別天地)

스님은 흰 구름 사이에 계시는데

소나무 그늘의 학과 즐겨 짝하여

높이 날아 속된 세상 벗어나시네.

계림(雞林): 사적 제19호, 이 숲은 첨성대와 월성 사이에 위치해 있으며, 경주 김씨의 시조 알지(閼智)가 태어났다는 전설이 있는 유서 깊은 곳이다.

淨 門 山 汝 愛
정 문 산 여 애

安 宿 寄 宵 數
안 숙 기 소 수

薄 緣 仙 笑 自
박 연 선 소 자

殘 夢 曉 淸 磬
잔 몽 효 청 경

* 山門(산문) : 사찰의 바깥문 혹은 사찰을 가리키는데, 여기서는 후자의 뜻으로 쓰였다.
* 仙緣(선연) : 신선과의 인연. 여기서 신선은 승려를 가리킨다.

그대의 사찰 맑은 게 사랑스러워

며칠 밤을 편안히 깃들어 묵었네요.

신선과의 인연 박한 걸 스스로 웃었는데

풍경소리 맑아 새벽꿈에서 깨어났답니다.

煙霞雖絶勝
연하수절승

門路素相違
문로소상위

此地偸閒久
차지투한구

悠然獨賦歸
유연독부귀

* 門路(문로) : 산문(山門), 곧 사찰로 오는 길. '문로'를 산문(山門)과 여로(旅路), 곧 스님이 머무는 사찰과 나그네가 가는 길이라는 뜻으로 보아 '산문과 여로가 평소에 서로 어긋났는데'로 풀어도 될 듯하다.

안개와 노을 비록 더없이 아름다워도

사찰로 오는 길을 평소에 저버렸는데

이 곳에서 오래도록 한가함 누렸음에

유유히 홀로 시를 읊고 돌아가렵니다.

이 시를 받은 스님은 계림사의 주지일 것이고 그 주지는 과객(過客)인 죽간 선생을 매우 환대했을 것으로 보인다. 그러므로 이 시는 그 환대에 대한 답례로 건넨 고마움의 표현이라 할 수 있다. 스님이 죽간 선생에게 베푼 호의나 죽간 선생이 스님께 보인 정의(情誼)는 따스함 그 자체이다.

過鷄林古都聽玉笛
과 계 림 고 도 청 옥 적

嫋 嫋 還 清 絶
요 뇨 환 청 절

獨 鴈 下 長 風
독 안 하 장 풍

莫 奏 前 朝 恨
막 주 전 조 한

憑 樓 思 未 窮
빙 루 사 미 궁

* 鷄林(계림) : 신라(新羅) 탈해왕(脫解王) 때부터 사용한 신라(新羅)의 이칭이다.
* 嫋嫋(요뇨) : 소리가 끊어질 듯하면서도 이어지고 가늘게 울리는 모양.
* 清絶(청절) : 더할 수 없이 맑고 깨끗함.
* 前朝(전조) : 전 왕조(王朝). 신라(新羅)를 가리킨다.

계림의 옛 도읍을 지나며 옥피리 소리를 듣다

끊어질 듯 이어지고 다시 맑아지나니

외기러기가 바람을 타고 내려오는 듯!

전 왕조의 한을 연주하지 말게나,

누대 기대면 생각에 끝이 없으니…

이 시가 지어지도록 한 계기는 옥피리 소리이며 제1구의 주체는 바로 그 옥피리 소리이다. 제2구는 제1구의 연장선상에서 옥피리 소리를 비유적으로 형상화한 것이다. 전 왕조의 한(恨)을 연주하지 말라고 한 뜻은, 전 왕조가 죽간 선생에게는 두고 온 고국인 송(宋) 왕조와 등가물(等價物)로 여겨졌기 때문일 것이다. 그리하여 제4구에서 누대에 기대어 있노라면 생각에 끝이 없을 거라 하였다.

登鷄林鳳凰臺 二絶
등계림봉황대 이절

昔聞此臺好
석문차대호

今上此臺遊
금상차대유

風景多奇絶
풍경다기절

令人去復留
영인거부류

* 鷄林(계림) : 신라(新羅)의 이칭이기도 하고 경주(慶州)의 이칭이기도 한데, 여기서는 후자의 의미로 쓰였다.
* 鳳凰臺(봉황대) : 경주시 노동동에 있는 돈대(墩臺) 이름이다. 돈대란 경사면을 절토(切土)하거나 평지에 성토(盛土)하여 만든 계단 모양의 평탄지를 말하는데, 분수 · 연못 · 화목(花木) 등이 조성되는 조망을 위한 돈대와 성곽이나 변방의 요지에 구축하여 총구를 설치하고 봉수시설을 갖추는 방위를 위한 돈대가 있다. 봉황대는 전자의 용도로 조성된 것이다. 봉황대 부근에 왕릉이 많은데 오늘날 경주봉황대고분(慶州鳳凰臺古墳)으로 부르고 있다.

계림의 봉황대에 올라 절구 두 수

예전에 이 돈대가 좋다는 걸 듣고서
오늘 이 돈대에 올라 노닐어보노라.
풍경이 더없이 빼어난 곳 많아
사람을 가다가 다시 머물게 하누나.

봉황대 전경

臺名知不偶
대 명 지 불 우

應有鳳凰遊
응 유 봉 황 유

鳳歸臺已古
봉 귀 대 이 고

明月夜來留
명 월 야 래 유

돈대 이름이 우연이 아님 알겠나니

응당 봉황이 노닐고 있었으리라.

봉황 돌아가고 돈대 이미 오래되어

밝은 달만 밤들어 머물고 있구나.

이 시는 봉황대에 올라 감회를 읊은 것인데, 풍경은 사람의 발길을 다시 머물게 할 정도로 아름답지만 흘러버린 세월의 무상함을 아파한 것이다. 중국에도 봉황대(鳳凰臺)가 있어 일찍이 이백(李白)이 <등금릉봉황대(登金陵鳳凰臺)>라는 시에서 "봉황이 가버려 누대는 비었는데 강물만 절로 흘러가는구나.〔鳳去臺空江自流〕"라 하였다.

晩秋憶中原故舊 二絶
만 추 억 중 원 고 구 이 절

青年同筮仕
청 년 동 서 사
白酒共談詩
백 주 공 담 시
奄作長沙客
엄 작 장 사 객
至今遠別離
지 금 원 별 리

---

* 筮仕(서사) : 처음으로 벼슬을 얻는다는 뜻이다.
* 白酒(백주) : 오늘날 중국술 빼갈이 아니라 탁주를 가리킨다. 후에는 좋은 술을 두루 이르는 말로도 쓰였다.
* 長沙(장사) : 중국 호남성(湖南省)에 있는 지명인데, 한(漢)나라 때 가의(賈誼)가 이곳으로 귀양을 갔기 때문에 주로 유배지를 뜻하는 말로 쓰였다.

늦은 가을에 중원의 친구를 생각하며 절구 두 수

청년시절에 같이 처음 벼슬할 때

술 마시며 함께 시를 얘기했는데

문득 장사(長沙)의 나그네가 되어

지금에는 먼 이별하게 되었구나.

不能超海去
불 능 초 해 거

落落久相分
낙 락 구 상 분

惟有勞勞夢
유 유 로 로 몽

西風渡北雲
서 풍 도 북 운

---

* 落落(낙락) : 여기저기 떨어져 있는 모양.
* 勞勞(노로) : 우수(憂愁)에 젖은 모양.
* 北雲(북운) : 북녘구름. 고려와 송나라 사이를 막고 있는 구름이라는 뜻으로 쓰였다.

바다를 뛰어 넘어 돌아가지 못하느니

고국 떠나 이리도 오래되었네

한갓되게 시름낀 꿈만이 있고

서풍에 구름만 북으로 가네

중국에 두고 온 벗들을 그리워하며 지은 이 시에서 죽간 선생은 자신을 장사(長沙)의 나그네로 비유하였다. 고려에 온 것이 귀양과는 거리가 있는 것임에도 굳이 귀양으로 표현한 것은 그만큼 돌아가고 싶다는 심사가 간절했기 때문이리라. 그러나 두 번째 시에서 바다를 건너뛰어 갈 수 없다고 하며 돌아간다는 것이 불가능한 일임을 아프게 인식한다. 그리하여 벗들과는 꿈길에서 만날 수밖에 없는 일이 되고 말았다.

第二. 五言律詩

題省中院壁
제 성 중 원 벽

愧我一羈旅
괴 아 일 기 려
猥承寵愛恩
외 승 총 애 은
鍾聲鳴玉佩
종 성 명 옥 패
花氣繞金門
화 기 요 금 문
職忝風雲會
직 첨 풍 운 회
身霑雨露痕
신 점 우 로 흔
材踈難仰答
재 소 난 앙 답
憂似醉於樽
우 사 취 어 준

* 省中院(성중원) : '성'은 큰 관아(官衙)의 단위이고 '원'은 성에 딸린 하부 관아이다. 두보(杜甫)가 지은 <제성중원벽(題省中院壁)>이 유명하다.
* 玉佩(옥패) : 옥으로 만든 패물.
* 金門(금문) : 금으로 장식한 문. 궁궐(宮闕)의 문을 일컫는다.
* 風雲會(풍운회) : 보통은 임금과 신하가 서로 제회(際會)한 것을 노래한 곡조[風雲會之曲]라는 뜻으로 쓰이지만 여기서는 임금과 신하의 회합이라는 의미로 쓰였다.
* 雨露痕(우로흔) : 우로의 흔적, 곧 우로의 은혜. '雨露'만으로도 임금의 은혜를 가리키기도 한다.

성(省) 안의 원(院) 벽에 제하다

부끄럽구나, 한 나그네인 내가
외람되게 총애의 은혜 입은 게…
종소리는 옥패를 울리는 듯하고
꽃기운은 금문(金門)에 둘렀구나.
직분이 풍운의 회합 더럽히면서
일신은 우로의 은혜에 젖어있네.
재주 못나 우러러 보답하기 어려우니
근심스럽기가 동이 술에 취한 듯…

이 시가 죽간 선생이 동래(東來)한 이후에 지은 시일 수밖에 없는 이유는 시의 제목과 기련(起聯 : 제1구와 제2구)의 내용 때문이다. '성(省)'과 '원(院)'은 도성 안에 있는 관아이고 거기서 벼슬하고 있는 죽간 선생이 '기려(羈旅)'라는 말을 쓸 수 있는 곳은 고려의 도성뿐이다. 경련(頸聯:제5구와 제6구)은 기련의 뜻을 이어 받아 좀 더 구체적으로 설명한 것이다. 죽간 선생이 고려 국왕의 은총을 입어 맡게 된 직분이 임금을 친견하는 요직이지만 별 도움을 주지 못하고 있어 군신(君臣)의 회합을 더럽히고만 있을 뿐이라는 것이다. 미련(尾聯:제7구와 제8구)에서 임금의 은혜에 보답하고 싶은 심사를 드러낸 것 역시 그 연장선상에서 이해하면 된다. 겸사(謙詞)가 두드러지기는 하나 죽간 선생이 고려 조정으로부터 입은 은혜를 무척이나 크게 생각했으리라는 점은 의심의 여지가 없다.

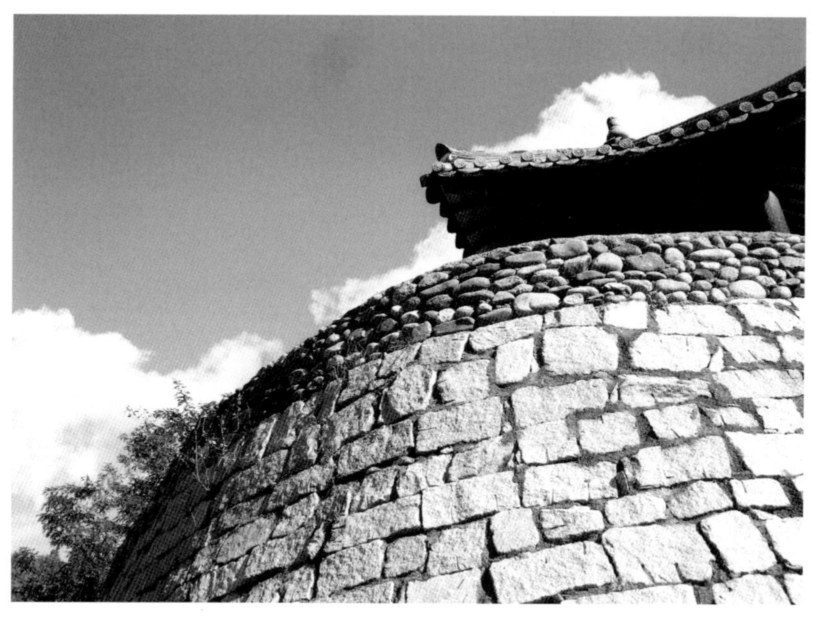

省中夜思
성 중 야 사

做來何事業
주 래 하 사 업

永夜未成眠
영 야 미 성 면

畵閣稀聞漏
화 각 희 문 루

茶爐細擁烟
다 로 세 옹 연

憂民思樂歲
우 민 사 락 세

奉國恐遺賢
봉 국 공 유 현

一念誰能識
일 념 수 능 식

斗南明月懸
두 남 명 월 현

---

* 畵閣(화각) : 단청을 베푼 누각. 성(省) 부속 건물을 시적으로 칭한 말이다.
* 樂歲(낙세) : 풍년(豊年)이 들어 태평(太平)하고 즐거운 해.
* 斗南(두남) : 북두칠성(北斗七星) 이남(以南)의 천지(天地). 곧, 온 천하(天下)를 이르는 말이다.

성 안에서 밤중에 생각에 잠기다

지금까지 무슨 일을 해왔던가!

긴긴 밤에 잠 이루지 못하겠네.

단청 누각엔 물시계 소리 드물고

차 화로엔 가늘게 연기 쌓여 있네.

백성 근심하다 즐거울 풍년 생각하고

나라 받들자니 어진 이 놓칠까 걱정!

한결같은 생각 뉘라서 알 수 있을까?

온 천하에 밝은 달만 매달렸구나.

이 시는 죽간 선생이 성 안에서 당직을 서고 있을 때 지은 것으로 보인다. 밤이 깊어 물시계 소리도 띄엄띄엄 들려오고 차 화로의 재도 식어가지만 백성들에 대한 염려와 나라를 위한 충정 때문에 쉬이 잠들지 못하고 있다. 이 마음을 뉘라서 알아줄까? 밝은 달만 무심하게 하늘에 매달렸을 뿐이다.

退朝歸路與諸公口號
퇴 조 귀 로 여 제 공 구 호

東國際無事
동 국 제 무 사

千官晩退朝
천 관 만 퇴 조

阿容多取媚
아 용 다 취 미

得志不當驕
득 지 부 당 교

鳳闕彩雲覆
봉 궐 채 운 복

龍池春雪消
용 지 춘 설 소

那能贊君德
나 능 찬 군 덕

四表被如堯
사 표 피 여 요

---

* 退朝(퇴조) : 조회(朝會)에서 물러 나오거나 조정에서 물러 나오는 것을 뜻한다.
* 口號(구호) : 문자로 쓰지 않고 입에서 나오는 대로 즉흥적으로 시를 읊는다는 뜻이다. 또 그렇게 지은 시를 '구호'라 칭하기도 한다.
* 阿容(아용) : 관용(寬容). 너그럽게 용서(容恕)하거나 용납(容納)함.
* 鳳闕(봉궐) : 한대(漢代)에 지붕 위에 동제(銅製)의 봉황(鳳凰)을 안치(安置)했던 일에서 생긴 말로서 궁궐(宮闕)의 문 또는 궁궐(宮闕)을 이른다.
* 龍池(용지) : 궁궐 안의 연못을 아름답게 칭한 말이다.
* 四表被如堯(사표피여요) : ≪서경(書經) · 요전(堯典)≫에서 요 임금의 덕에 대하여 "공경과 총명과 문채와 사려가 자연적으로 우러나왔으며, 참으로 공손함과 겸양의 덕을 발휘하여 온 누리에 빛나게 은택이 입혀지는 가운데, 그 덕이 하늘과 땅에 이르렀다.〔欽明文思安安 允恭克讓 光被四表 格于上下〕"라고 칭송한 말이 나온다.

퇴조(退朝)하여 돌아가는 길에 여러 공들과 입에서 나오는 대로 시를 짓다

동국이 일 없을 때에 즈음했어도

숱한 관리들은 더디 퇴조하노라.

관용은 대개 아첨을 취한 것이니

뜻을 얻으면 교만하지 말아야지.

궁궐은 채색 구름에 덮여 있는데

아름다운 연못엔 봄눈이 녹았네.

어떻게 하면 임금의 덕을 도와

요 임금처럼 사방에 은택 덮이게 할까?

동국(東國)이 일 없을 때에 즈음했다는 것은 전쟁이나 변란이 없어 태평한 시대를 맞았다는 말이다. 그럼에도 관리들의 퇴조(退朝)가 더딘 것은 저마다의 일에 충실하기 때문이다. 잘못을 하여 관용을 받기보다는 뜻을 얻었을 때 교만하지 않는 것이 관리가 지녀야 할 덕목이다. 이 태평한 시대에 어떻게 보좌하여 우리 임금을 요 임금 같은 성군(聖君)이 되게 할 것인가가 이즈음 죽간 선생의 화두(話頭)였음을 알 수 있다.

春日雅會
춘 일 아 회

公簿相仍地
공 부 상 잉 지

乘閒見故人
승 한 견 고 인

門深桃李雨
문 심 도 리 우

樽放杏花春
준 방 행 화 춘

不須絲管列
불 수 사 관 렬

自有笑談眞
자 유 소 담 진

從遊知好事
종 유 지 호 사

休惜往來頻
휴 석 왕 래 빈

---

* 雅會(아회) : 보통은 글을 짓기 위한 모임을 가리키나 일반적인 모임을 고상하게 칭하는 말로도 쓰인다.
* 公簿(공부) : 국가 기관 등에서 공식으로 작성하는 장부(帳簿), 공문서(公文書).
* 從遊(종유) : 따라와 놀다, (서로) 따르며 놀다.

봄날의 아회

공문서가 거듭되는 처지에서
한가함 틈 타 벗님들 만났네.
문께는 도리에 듣는 비가 그윽하고
술동이에는 살구꽃 봄이 피어났네.
현악기 관악기 열 필요 없는 것은
참된 담소가 절로 있기 때문.
따르며 노는 게 좋은 일임을 아니
자주 왕래하는 걸 아까워 마시길…

바쁜 가운데 잠깐 짬을 내 가진 모임에서 지은 시이다. 복사꽃과 오얏꽃이 비에 젖는 풍경을 보며 술동이를 열어 풍류를 즐기는 옛 선비들에게 풍악 따위가 무슨 필요가 있었으랴! 벗이 있고 술이 있어 담소를 나누기만 하여도 넉넉했을 터였다. 다만 한 가지 아쉬운 점이라면 그러한 모임을 자주 가질 수는 없었기에 미련(尾聯: 제7구와 제8구)과 같은 당부의 말을 건넬 수밖에 없었던 것이다.

詠春風
영 춘 풍

習習於東發
습 습 어 동 발

隨物著神功
수 물 저 신 공

萬樹爭抽綠
만 수 쟁 추 록

百花始透紅
백 화 시 투 홍

煖回無跡外
난 회 무 적 외

和動有聲中
화 동 유 성 중

天地生生理
천 지 생 생 리

吾將問化工
오 장 문 화 공

---

* 習習(습습) : 바람이 가볍고 부드럽게 부는 모양. 산들산들.
* 生生理(생생리) : 생생(生生)한 이치. 만물을 끊임없이 생겨나게 하는 이치.
* 化工(화공) : 대개 조화(造化)의 묘(妙)를 가리키지만, 여기서는 조화옹(造化翁), 곧 조물주라는 의미로 쓰였다.

봄바람을 읊다

산들산들 동쪽에서 피어나
만물 만나 신묘한 재주 붙여두니
나무란 나무는 다투어 초록을 뽑고
꽃이란 꽃은 막 붉은 빛 터뜨리네.
따스함은 흔적 없는 밖에서 돌아오고
화창함은 소리 나는 데서 움직이나니
천지의 생생(生生)한 이치를
내 장차 조물주에게 물어보리라.

이 시는 봄바람을 읊은 영물시(詠物詩)이다. 영물시란 물상(物像)을 음영(吟詠)의 대상으로 삼은 시를 일컫는 말이다. 제1구의 생략된 주체는 말할 필요도 없이 봄바람인데, 이 봄바람이 동쪽으로부터 생겨나 만물을 스치며 신묘한 재주를 행사하니 잎이 돋고 꽃이 피어났다는 것이다. 경련(頸聯:제5구와 제6구)의 '따스함'과 '화창함'을 가능하게 한 것 역시 봄바람이다. 제6구의 의미가 좀 애매하기는 하지만 화창함이 소리가 있는 가운데서 움직인다고 하였으니 새소리나 물소리가 들리는 가운데서 느낄 수 있는 화창함을 말한 것인 듯하다. 제7구의 '생생(生生)한 이치'란 봄바람이 스치자 만물이 약동하여 아름다운 풍경을 연출하는 것과 같은 이치를 말한 것이다.

長夏苦熱
장하고열

天地紅爐沸
천지홍로비

老夫氣鬱蒸
노부기울증

欲憑王子几
욕빙왕자궤

願踏杜翁冰
원답두옹빙

甚於愁耿結
심어수경결

苦似病侵凌
고사병침릉

黙料消炎計
묵료소염계

養閒心自澄
양한심자징

---

* 王子几(왕자궤) : 왕씨(王氏)의 안석(案席). 왕씨는 진대(晋代) 왕희지(王羲之)의 아들인 왕휘지(王徽之)를 가리킨 듯하다. 그는 대나무(竹)를 사랑하여 "하루도 대(竹)가 없으면 살 수 없다."고 하였으며, 대나무로 안석을 만들어 여름을 시원하게 보냈다고 한다.
* 杜翁冰(두옹빙) : 두옹의 얼음. 두옹은 당(唐)나라의 시인 두보(杜甫)를 가리킨다. 두보는 <조추고열퇴안상잉(早秋苦熱堆案相仍)>이라는 시에서, "어떻게 하면 맨발로 두꺼운 얼음을 밟을 수 있을까?〔安得赤脚踏層冰〕"라고 하였다.
* 養閒(양한) : 한가롭게 양생(養生)하다. 여기서는 달리 하는 일없이 마음 편히 한가하게 지낸다는 뜻으로 쓰였다.

긴 여름날 더위로 고생하며

천지가 벌건 화로처럼 들끓어
늙은이의 기분이 울적도 하네
왕씨의 안석에 기대고 싶고
두옹의 얼음도 밟고 싶구나.
더위가 엉긴 시름보다 심하니
몸 욕보이는 병처럼 괴롭구나.
더위 삭힐 계책 곰곰이 생각하나니
한가함 기르면 마음 절로 맑아지리.

당(唐)의 왕곡(王轂)은 <고열행(苦熱行)>이라는 시에서 더운 날씨를 과장하여, "온 나라가 시뻘건 난로 속에 있는 듯하다.〔萬國如在紅爐中〕"고 하였는데 제1구의 뜻은 이와 맥락을 같이 하는 것이다. 더위로 인해 기분이 울적해지자 죽간 선생은 왕씨(王氏)의 안석(案席)과 두보(杜甫)가 얘기한 얼음을 떠올려 보았다. 그러나 현실(現實)에서는 얻을 수 없는 것들이어서 더위가 여전히 병에 걸린 듯 괴롭기만 하다. 이제쯤 생각한 것이 바로 '양한(養閒)'인데, 이는 더위를 다스리는 것이 아니라 마음을 다스리는 것이다. 죽간 선생의 마음이 저절로 맑아졌다 하였으니 이 '양한'이 훌륭한 더위 퇴치법이 될 수 있었다는 뜻이 된다.

秋月
추 월

夜晴天氣淡
야 청 천 기 담

月上海東邊
월 상 해 동 변

明生三代像
명 생 삼 대 상

涼罷五更眠
량 파 오 경 면

山城齊捲霧
산 성 제 권 무

水户忽收烟
수 호 홀 수 연

堪喜爲其主
감 희 위 기 주

用之猶不錢
용 지 유 부 전

* 三代像(삼대상) : 삼대는 하(夏) · 은(殷) · 주(周) 시대를 통칭한 말로 옛 성인들이 다스리던 태평성대를 말한다. 삼대의 모습이란 바로 그 시절과 같은 평화로운 모습이라는 뜻이다.
* 五更(오경) : 하룻밤을 다섯 부분으로 나누었을 때 맨 마지막 부분. 곧 새벽 세 시에서 다섯 시 사이의 시간이다.

가을 달

개인 밤이라 하늘 기운 담담한데

바다 동쪽에서 달 돋아 올랐노라.

밝은 빛은 삼대의 모습을 낳고

서늘함은 새벽녘 잠을 깨웠노라.

산자락 성엔 일제히 안개 걷히고

물가 집에도 문득 안개 사라졌네.

달빛 주인이 된 걸 기뻐할 만하니

써도 오히려 돈이 들지 않기 때문.

이 시의 함련(頷聯: 제3구와 제4구)은 달빛의 기능을 철학적 · 추상적으로 설명한 것이다. 말하자면 달빛은 삼대와 같은 평화로운 광경을 선사하고 달빛의 그 서늘한 기운은 새벽녘의 잠도 깨게 한다는 것이다. 경련(頸聯: 제5구와 제6구)은 달빛 아래의 광경을 사실적으로 묘사한 것이다. 적어도 날이 저물기 전까지 내렸음직한 비 때문에 산자락이건 민가건 오래도록 안개에 휩싸여 있었을 터인데, 달이 뜨자 그 안개가 걷히어 물상의 모습이 또렷하게 나타나게 되었다는 것이다. 달빛의 주인이 된 것을 기뻐할 만한 이유를 아무리 써도 돈이 들지 않는다는 데서 찾은 죽간 선생의 해학은 소동파(蘇東坡)가 <적벽부(赤壁賦)>에서, "오직 강 위의 맑은 바람과 산간의 밝은 달은 귀로 들으면 소리가 되고 눈으로 보면 빛을 이루는데, 이를 취하여도 막는 사람이 없고, 아무리 써도 없어지지 않으니, 이것이 바로 조물주의 무진장한 보배이다.[惟江上之清風 與山間之明月 耳得之而爲聲 目寓之而成色 取之無禁 用之不竭 是造物者之無盡藏也]" 라 한 것과 일맥상통한다.

冬雪
동설

天暗風威急
천암풍위급

飄飄瑞雪飛
표표서설비

地疑銀浦落
지의은포락

山作玉屛圍
산작옥병위

鄙吝渾消臆
비린혼소억

淸寒漸透衣
청한점투의

休徵三臘白
휴징삼랍백

庶見歲無饑
서견세무기

---

* 飄飄(표표) : 바람에 옷자락이나 눈 등이 나부끼는 모양.
* 銀浦(은포) : 은하(銀河)의 이칭.
* 鄙吝(비린) : 보통 거슬릴 정도로 인색한 것을 가리키지만, 여기서는 비루한 마음 정도의 의미로 쓰였다.
* 三臘白(삼랍백) : 동지 이후 세 번째 술일(戌日)에 지내는 제사를 납제(臘祭)라 하는데, 삼백(三白)은 납제 이전에 눈이 세 차례 내리는 것을 말한다. 이것을 흔히 납전삼백(臘前三白)이라고 한다.

겨울 눈

하늘 어둡고 바람 세차더니
펄펄 상서로운 눈이 날린다.
땅은 은하가 떨어졌나 의심스럽고
산은 옥 병풍 되어 두른 듯하여라.
비루한 마음 온통 가슴에서 사라지고
맑고 찬 기운이 점차 옷을 파고든다.
아름다운 징조로 섣달 눈 세 번 내려
굶는 이 없는 한 해 볼 수 있기를!

농가의 말에 납제를 지내기 전까지 세 차례 눈이 내리면 풍년이 든다고 하였다. 이 시는 바로 이를 염두에 두고 지은 것이다. 함련(頷聯: 제3구와 제4구)은 눈 온 뒤의 풍경을 시각적으로 묘사한 것이고, 경련(頸聯: 제5구와 제6구)은 눈 온 뒤의 기분과 기운을 주관적으로 서술한 것이다.

閒居感興
한거감흥

衰年湖海興
쇠년호해흥

榮利不關心
영리불관심

多病須良藥
다병수량약

知音卽大琴
지음즉대금

看書忘寵辱
간서망총욕

有酒愛登臨
유주애등림

欲學林泉趣
욕학임천취

時時獨自吟
시시독자음

---

* 衰年(쇠년) : 노년(老年)과 같은 말이다.
* 湖海(호해) : 호수와 바다라는 말로 '자연(自然)'을 함축적으로 나타낸 말이다.
* 榮利(영리) : 명예(名譽)와 이익(利益).
* 寵辱(총욕) : 영욕(榮辱)과 같은 말이다.
* 登臨(등림) : 산에 오르고[登山] 물가에 임한다[臨水]는 말로 유람을 가리킨다.
* 林泉(임천) : 숲과 샘이라는 말로 '호해(湖海)'와 마찬가지로 '자연(自然)'을 함축적으로 나타낸 말이다.

한가하게 지낼 때의 감흥

노년에 호해에 흥취를 두고
영리에는 마음을 쓰지 않네.
병이 많아 필요한 건 좋은 약,
마음 알아주는 벗은 대금이네.
책을 보며 세상 영욕을 잊고
술 있으면 유람을 즐겨 하네.
임천(林泉)의 취미 배워보고자
이따금 홀로 시도 읊어본다네.

제1구의 호해에 대한 흥취와 제7구의 임천에 대한 취미는 기실 같은 말이지만, 흥취가 있어 그 흥취에 젖을 무언인가 하는 것을 취미로 보자면 둘은 차별적이라 할 수 있다. 제6구의 '등림(登臨)'과 제8구에서 언급한 작시(作詩)는 흥취가 야기한 액션(action), 곧 취미가 되는 것이다. 가운데 4구에서 거론한 약과 대금, 책과 술은 노경에 접어든 죽간 선생의 반려(伴侶)였다.

送人之京
송 인 지 경

野橋一分手
야 교 일 분 수

時有友鶯聲
시 유 우 앵 성

人去青雲路
인 거 청 운 로

霜添白髮莖
상 첨 백 발 경

莫辭今日醉
막 사 금 일 취

聊慰遠方行
료 위 원 방 행

佐理明時道
좌 리 명 시 도

不過忠且淸
불 과 충 차 청

---

* 友鶯聲(우앵성) : 벗 찾는 꾀꼬리 소리. ≪시경(詩經) · 소아(小雅) · 벌목(伐木)≫에서, "나무 찍는 소리는 쩡쩡하거늘, 꾀꼬리 우는 소리는 평화로워라.……평화로운 그 울음소리여, 그 벗을 찾는 소리로다.[伐木丁丁 鳥鳴嚶嚶……嚶其鳴矣 求其友聲]"라 한 데서 온 말이다.
* 靑雲路(청운로) : 청운의 길. 벼슬길에 오르는 것을 비유적으로 칭한 말이다.
* 白髮莖(백발경) : 흰 머리카락.

서울로 가는 사람을 전송하며

들녘다리에서 손 한 번 놓고 나면
벗 찾는 꾀꼬리 소리 이따금 들으리.
사람은 청운(靑雲)의 길을 가고
세월은 흰 머리카락 더하리니
오늘 취하는 걸 사양하지 말게나
먼 데 갈 사람을 위로하려함이니…
밝은 시절에 도와 다스릴 도(道)는
충성(忠誠)과 청렴(淸廉) 뿐이라네.

이 시에서 전송받고 있는 사람이 누구인지 확인할 길은 없지만, 함련(頷聯: 제3구와 제4구)과 미련(尾聯: 제7구와 제8구)의 내용으로 짐작하건대 벼슬하고자 서울[開京: 오늘의 개성]로 가는 길이 분명하다. '청운(靑雲)의 길'이란 바로 벼슬길을 의미하고, '도와 다스릴 도(道)'란 임금을 도와 백성을 다스리는 방법을 뜻하기 때문이다. 죽간 선생이 '도와 다스릴 도'의 요체로 '충성(忠誠)과 청렴(淸廉)'을 제시한 것은 선생이 얼마나 철저한 유가(儒家)였는가를 확인시켜 주는 대목이다.

同七學士登臨歸路言懷
동칠학사등림귀로언회

海國襟期爽
해국금기상
登臨幾處亭
등림기처정
聲通相感氣
성통상감기
情密頓忘形
정밀돈망형
司馬曾多病
사마증다병
屈平又獨醒
굴평우독성
那邊同寓樂
나변동우락
山水翠環屏
산수취환병

* 海國(해국) : 보통 섬나라나 우리나라처럼 바다를 끼고 있는 나라를 가리키는 말로 쓰이지만, 여기서는 '바닷가'라는 의미로 쓰였다.
* 襟期(금기) : 마음에 품은 뜻.
* 聲通(성통) : 소리가 통한다는 말이므로 말이 통한다는 의미로 풀었다.
* 忘形(망형) : 득의하거나 기쁜 나머지 평상시 자기 상태나 모습을 잊어버리는 것.
* 司馬(사마) : 사마상여(司馬相如). 한(漢)나라의 문장가였던 그는 특히 사부(辭賦)에 뛰어나 <자허부(子虛賦)>, <상림부(上林賦)>, <대인부(大人賦)> 등의 명편을 남겼다. 그는 또 지병으로 소갈증(消渴症)을 앓아 평생토록 고생하였다.
* 屈平(굴평) : 굴원(屈原). 그는 전국시대 초(楚)나라 대부(大夫)로 이름이 평(平)이고 자가 원(原)이었다. 처음에는 회왕(懷王)의 신임이 두터웠으나 소인의 참소로 쫓겨나게 되자 이를 비관하여 스스로 멱라수(汨羅水)에 빠져죽었다. 그가 쫓겨난 후에 지은 <어부사(漁父辭)>에서, "모든 사람이 다 취했거늘 나 홀로 깨어 있다.〔衆人皆醉我獨醒〕"라 하였다.

칠학사와 함께 유람을 하고
돌아오는 길에 회포를 말하다

바닷가라 마음속 뜻이 상쾌한데
정자 몇 곳을 오르고 내렸던가!
말이 통하여 서로 의기를 느끼고
정이 친밀하여 문득 몸도 잊었지.
사마상여는 일찍이 병이 많았고
굴원은 또 홀로 깨어 있었는데
어디가 함께 즐겁게 살 곳일까?
산수가 푸르게 병풍처럼 둘렀구나.

죽간 선생과 함께 고려로 온 칠학사(七學士)는 말이 통하고 정이 친밀한 사이인지라 속내까지 알 수 있어 자기 모습을 잊어버릴 정도로 즐겁게 어울릴 수가 있었다. 그러나 그들이 사마상여나 굴원처럼 뛰어난 인물임에도 사마상여처럼 지병을 앓고 굴원처럼 외로운 처지인 것이 그저 안타깝기만 하다. 함께하는 것 외에는 달리 대안이 없을 성 싶어 더불어 즐겁게 살 곳을 찾다가 산수가 병풍처럼 두른 저 대자연을 지목하게 되었다.

逢芬篁寺玉上人問答
봉 분 황 사 옥 상 인 문 답

爾在芬篁寺
이 재 분 황 사

芬篁景若何
분 황 경 약 하

烟霞超世逈
연 하 초 세 형

水石繞門多
수 석 요 문 다

傳法師元曉
전 법 사 원 효

貴經誦釋迦
귀 경 송 석 가

如今如許好
여 금 여 허 호

可怪出山阿
가 괴 출 산 아

---

* 芬篁寺(분황사) : 경상북도(慶尙北道) 경주시(慶州市) 구황동(九黃銅)에 있는 절로 보통은 '芬皇寺'로 표기하며 '芬寺'로 칭하기도 한다. 신라(新羅) 27대 선덕여왕(善德女王) 3(634)년에 창건하였으며, 원효(元曉)가 살면서 ≪화엄경소(華嚴經疏)≫를 썼고 솔거(率居)가 그린 관음보살상(觀音菩薩像)이 있었다 한다. 절 안에 보광전(寶光殿)과 석탑(石塔)이 있고, 절 밖 남쪽에는 당간지주(幢竿支柱)가 있다.
* 玉上人(옥상인) : 법명(法名)에 '玉'자가 들어 있는 스님을 가리킨다. '상인'은 승려를 높여 일컫는 말이다.

분황사 옥 상인(玉上人)을 만나 묻고 답하다

그대는 분황사에 계신다지요?

분황사의 경치는 어떠한가요?

안개와 놀은 세상을 멀리 벗어났고

물과 돌은 숱하게 사찰을 에웠는데

불법 전수하느라 원효를 스승 삼고

경전 받들며 석가의 말씀 외웁니다.

지금에도 그토록 좋은 곳이라면

산언덕 나선 게 이상하지 않으신지?

---

* 元曉(원효) : 신라(新羅) 때의 이름난 승려이자 설총(薛聰)의 아버지이다. 아명은 서당(誓幢) 또는 신당(新幢)이며 원효(元曉)는 그의 법호(法號)이다. 어려서부터 독학(獨學)하다가 뒤에 출가(出家)하여 불교(佛敎)의 교의를 깊이 연구(硏究), 해동종(海東宗)의 시조(始祖)가 되었다. 요석공주(瑤石公主)와의 인연으로 실계(失戒)한 뒤 스스로를 소성거사(小性居士)·복성거사(卜性居士)라 일컬으며, 불교(佛敎) 사상(思想)의 종합(綜合)과 실천(實踐)에 많은 노력을 기울였다. 저서에 ≪금강삼매경론소(金剛三昧經論疏)≫와 ≪열반경종요(涅槃經宗要)≫, ≪아미타경소(阿彌陀經疏)≫, ≪화엄경소(華嚴經疏)≫ 등이 있다.
* 釋迦(석가) : 고대(古代) 인도(印度) 아리아족에 딸린 종족(種族) 이름이지만, 보통은 석가모니(釋迦牟尼)의 준말로 쓴다. 석가모니는 이 종족 출신(出身)이었다.

이 시는 죽간 선생이 분황사의 승려인 옥 상인을 만나 묻고 답한 내용으로 구성되어 있다. 적어도 이 시를 지을 때까지는 죽간 선생이 분황사에 가본 적이 없었을 것으로 보인다. 제1구와 제2구는 죽간 선생이 물은 내용이고, 제3구부터 제6구까지는 옥 상인이 답한 내용이다. 제7구와 제8구는 죽간 선생이 다시 옥 상인에게 말한 것인데, 내용으로 보아 옥 상인이 분황사를 떠나와 있은 지가 꽤 오래되었을 것으로 짐작된다.

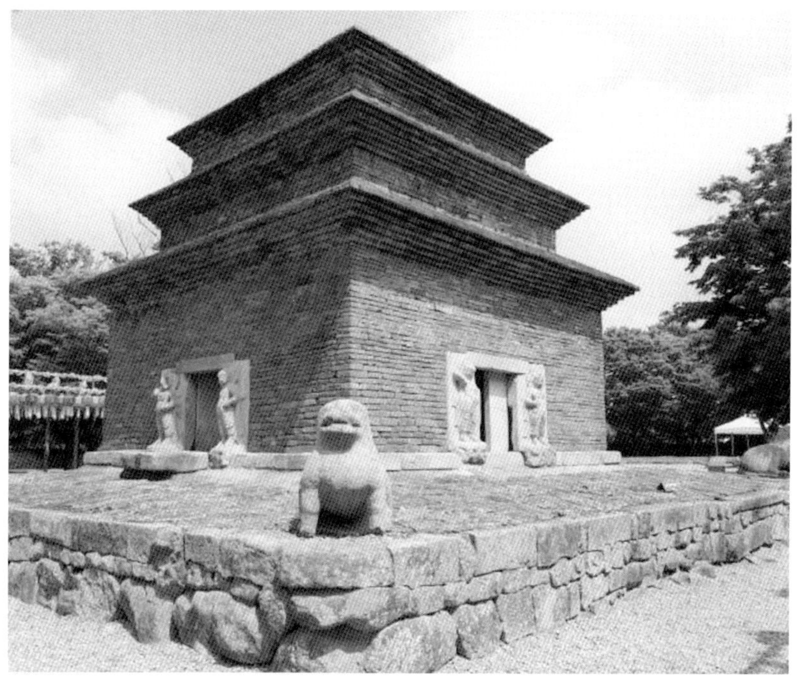

芬篁寺(분황사) : 경상북도 경주시 구황동(九黃銅)에 있는 절로 보통은 분황사(芬皇寺)로 표기하며 분사(芬寺)로 칭하기도 한다. 신라 27대 선덕여왕 3(634)년에 창건하였으며 원효(元曉)가 살면서 ≪화엄경소(華嚴經疏)≫를 썼고 솔거(率居)가 그린 관음보살상(觀音菩薩像)이 있었다 한다. 절 안에 보광전(寶光殿)과 석탑(石塔)이 있고, 절 밖 남쪽에는 당간지주(幢竿支柱)가 있다.

春日獨坐
춘 일 독 좌

煖日看山好
난 일 간 산 호

塊然不掩扃
괴 연 불 엄 경

披籬思卉譜
피 리 사 훼 보

點水誦茶經
점 수 송 다 경

粉蝶馳梅院
분 접 치 매 원

錦鳩下柳亭
금 구 하 류 정

玩來諸品理
완 래 제 품 리

六六春宮庭
육 륙 춘 궁 정

---

* 塊然(괴연) : 편안히 있는 모양. 홀로 있는 모양
* 卉譜(훼보) : 화훼(花卉)의 종류와 재배법 등을 적은 책을 가리킨다.
* 茶經(다경) : 당대(唐代)의 은사(隱士)이자 차(茶)의 제일인자인 육우(陸羽)가 차의 근원 및 차에 관한 기구와 끓이고 마시는 방법 등을 10가지로 분류하여 저술한 책이다.
* 諸品(제품) : 여러 물상(物像)이라는 뜻으로 만물을 가리킨다.
* 六六(육륙) : 6×6=36으로 한(漢)나라 때 궁전(宮殿)의 숫자가 36궁이었던 것을 가리켰는데, 보통은 제왕(帝王)의 광대한 궁전을 가리키는 말로 쓰인다.

봄날에 홀로 앉아

따스한 날에 산을 보는 게 좋아
빗장도 걸지 않고 편히 앉았다가
울타리께 헤집으며 훼보 떠올리고
물맛 점검하며 다경 외우노라니
흰나비는 매화 정원에 날아들고
산비둘기는 버들 정자로 내리네.
만물의 이치 완상(玩賞)하노라니
서른여섯 봄 궁전 뜰에 있는 듯…

고적함을 달래기 위하여 빗장도 걸지 않고 언제 보아도 좋은 산을 보다보니 자연히 눈길이 울타리께로 향했을 터다. 거기에 뭘 심으면 좋을까를 생각하다가 화훼보(花卉譜)를 떠올리고, 물을 마시다가 ≪다경(茶經)≫까지 외우게 된 죽간 선생의 삶은 은자의 삶 그 자체이다. 흰나비와 산비둘기도 시야에 들어와 살피며 생각해보니 은자의 정원이 제왕의 정원과 다를 바 없더라는 것이 이 시의 주지(主旨)이다.

閒中卽事
한 중 즉 사

境閒晝又靜
경 한 주 우 정
奇玩在前庭
기 완 재 전 정
窮巷桃花氣
궁 항 도 화 기
踈簾燕子聲
소 렴 연 자 성
山宜馴鹿去
산 의 순 록 거
野可策驢行
야 가 책 려 행
欲學邱園趾
욕 학 구 원 지
還坐澄神精
환 좌 징 신 정

---

* 境閒(경한) : 지경(地境)이 한가하다, 사는 데가 외진 곳이라는 뜻이다.
* 奇玩(기완) : 기이한 노리개. 재미있는 볼거리.

한가한 가운데 즉흥으로 지은 시

사는 곳이 외져 낮 또한 고요해도
재미있는 볼거리는 앞뜰에 있다네.
궁한 마을에 복사꽃 필 기운 돌자
성긴 발께로 들려오는 제비 소리!
산은 사슴 길들이러 가기에 좋고
들은 나귀 채찍질하며 가기 좋은데
언덕과 동산의 자취 배우고 싶어
돌아와 앉아 정신 맑게 해보노라.

중국 동진(東晉)의 시인 도연명(陶淵明)은 "마음이 속(俗)으로부터 멀어지면 땅은 절로 외진 곳이 된다.[心遠地自偏]"고 하였다. 죽간 선생이 살고 있는 곳은 지경 자체가 외진 곳이라 세상의 시끄러운 소리가 있을 수 없다. 그래도 사람들이 생업에 힘쓰느라 제법 분주할 낮 시간이건만 그저 고요하기만 하다. 그렇다고 무료하기만 할까? 막 피어나려는 복사꽃과 지저귀는 제비 소리만으로도 무료함을 달래기에 충분한 것이 전원의 생활이다. 산야(山野)와 구원(邱園)이 베푸는 넉넉함을 배우고자 사념(思念)을 맑게 하려는 죽간 선생의 마음 씀은 오늘을 사는 우리들이 한번쯤 돌아볼 만한 가르침이다.

春晝偶吟
춘 주 우 음

日午疎簾靜
일 오 소 렴 정

青山半在庭
청 산 반 재 정

迷迷愁草細
미 미 수 초 세

望望眼花冥
망 망 안 화 명

東野溫猶冷
동 야 온 유 냉

靈均醉亦醒
영 균 취 역 성

睡魔因懶至
수 마 인 나 지

整坐熟看經
정 좌 숙 간 경

---

* 愁草(수초) : 사람을 시름겹게 하는 풀이라는 뜻이다.
* 眼花(안화) : 안력(眼力)이 쇠하여 눈앞에 불꽃과 같은 것이 어른거리게 보이는 것.
* 東野溫猶冷(동야온유냉) : 동야는 당(唐)나라 시인 맹교(孟郊)의 자이다. 그는 한유(韓愈), 가도(賈島) 등과 맥락을 같이하는 중당(中唐)의 시인이다. 송(宋)의 소식(蘇軾)이 맹교와 가도의 시풍(詩風)을 평하여 교한도수(郊寒島瘦)라 하였는데, 이 말은 맹교의 시는 한산(寒酸)하여 정이 없는 듯하고, 가도의 시는 메말라서 힘이 없다는 뜻이다. '溫猶冷'은 맹교가 사람은 따뜻하였지만 시풍은 오히려 차가웠다는 정도로 이해하면 될 듯하다.
* 靈均醉亦醒(영균취역성) : 영균은 굴원(屈原)의 자이다. 그가 <어부사(漁父辭)>에서, "온 세상이 다 흐리거늘 나 홀로 맑고, 모든 사람이 다 취했거늘 나 홀로 깨어 있다.〔擧世皆濁我獨淸 衆人皆醉我獨醒〕"라 하였으니 그는 취하여도 취한 것이 아니다. 그리하여 시에서 "취하여도 또한 깨어 있었다[醉亦醒]"고 한 것이다.
* 睡魔(수마) : 졸음이 오게 하는 마귀(魔鬼)라는 뜻으로 졸음을 비유적으로 칭한 말.

봄날 낮에 우연히 읊다

한낮에도 성긴 발께는 고요한데
푸른 산이 반쯤은 뜰에 들었다.
희미하고 희미한 근심의 풀 가늘어
바라보아도 눈길은 아물아물 어둡다.
맹교는 따뜻하면서도 되려 차가웠고
굴원은 취하여도 또한 깨어 있었지.
수마는 나태로 인해 다가오는 것,
반듯이 앉아 꼼꼼하게 책을 보리.

봄날 대낮에 발을 드리워두고 독서를 하다 보니 문득 졸음이 온다. 졸음이 오면 누워도 좋은 것이 은자의 삶이건만 죽간 선생은 눕는 대신 졸음을 쫓는 쪽으로 가닥을 잡았다. 눈길을 책에서 떼고 바라보니 청산이 하도 가까워 반쯤은 뜰에 들어 있는 듯하고, 언덕께에 돋은 풀은 어른거리는 눈 때문에 자세히 보이지가 않는다. 경련(頸聯:제5구와 제6구)에서 맹교와 굴원을 언급한 것은 이 시를 지을 당시에 죽간 선생이 그들의 시를 읽고 있었기 때문으로 보이지만 자신은 없다. 졸음의 원인을 나태로 여기는 죽간 선생의 근엄한 모습이 사극(史劇)의 한 장면처럼 떠오른다.

春夜與諸賓僚對酌
춘야여제빈료대작

盡日遣幽愁
진일견유수

太康抵夜遊
태강저야유

四隣羣動息
사린군동식

萬井諸喧收
만정제훤수

紅燭笑談共
홍촉소담공

綠盃情契酬
녹배정계수

兵衙無警急
병아무경급

遭値聖時休
조치성시휴

---

* 賓僚(빈료) : 빈객(賓客)과 막료(幕僚). 손님과 동료.
* 情契(정계) : 우의(友誼), 친분.
* 兵衙(병아) : 병무(兵務)를 담당하는 관아, 곧 병부(兵部).

봄밤에 여러 손님 및 동료들과 더불어 술을 마시다

해 다하도록 깊은 시름 내보내고

태평하게 밤놀이까지 이어갔는데

사방의 뭇 동물들은 휴식에 들고

마을마다 왁자하던 소리 거둬졌네.

붉은 초 밝히고 담소 함께하고

푸른 술잔으로 우의 주고받노라.

병부에 갑작스런 경계 없으니

태평성대 만난 듯 아름답구나.

술을 매개로 우의를 다진 옛 선비들의 풍류가 담담하게 묘사된 시이다. 나라에 변고가 있다면 관리도 빈객도 한가하게 술이나 들며 봄밤을 보낼 수 없을 터이지만 지금 그러하고 있으니 지금이 바로 태평성대라는 것이다.

再疊
재 첩

此夜抛公事
차 야 포 공 사

官娥更進巵
관 아 경 진 치

簿書方整暇
부 서 방 정 가

燈枕正閒時
등 침 정 한 시

殘月入梅户
잔 월 입 매 호

寒星横柳籬
한 성 횡 류 리

風流儒雅意
풍 류 유 아 의

均賦再巡詩
균 부 재 순 시

---

* 再疊(재첩) : 같은 주제로 시를 거듭 지을 때 두 번째 시의 제목으로 쓰는 말이다. 첫 번째 시의 운자(韻字)를 그대로 쓰는 것이 보통이나, 이 시처럼 운자를 달리한 시도 적지 않다. 세 번째라면 삼첩(三疊)이 된다.
* 官娥(관아) : 관(官)에 예속된 기녀(妓女).
* 簿書(부서) : 장부(帳簿)와 문서(文書).
* 整暇(정가) : 어떤 일을 정리(整理)하고 난 뒤의 여가(餘暇)를 가리키는 말이다.
* 儒雅(유아) : 학식이 해박하고 품행이 단정한 선비나 문인을 일컫는다.
* 巡詩(순시) : 시를 돌리다. 먼저 지어진 원운(原韻) 시를 돌려 시를 짓게 한다는 말이다.

거듭 읊다

이 밤에 공무(公務)는 던져두리라
관기(官妓)들이 다시 술잔 올리니…
문서처리는 바야흐로 정리 후 여가에
침상에 등 밝히고 한가로울 때 할 일.
지는 달은 매화 핀 창문께로 들고
서늘한 별은 버들 울타리께 비끼는데
풍류는 단아한 선비들의 뜻이라
두루 읊고는 다시 시를 돌리노라.

옛 선비들은 술자리를 가지면 즉석에서 시를 짓는 것이 다반사였다. 시의 내용으로 짐작컨대 이 자리를 마련한 이는 죽간 선생이었을 것이고 나이 또한 가장 많았을 것이다. 밀린 일이 없지 않았지만 호쾌하게 미루어두고[제3구와 제4구] 술자리를 이어가는 가운데 다시 시 한 수씩 더 짓게 한 것이야말로 풍류의 극치라 할 만하다.

贈李侍郎歸山
증 이 시 랑 귀 산

故人宦情薄
고 인 환 정 박

此去隱山中
차 거 은 산 중

冥漠孤鴻月
명 막 고 홍 월

翺翔獨鶴風
고 상 독 학 풍

隨時審出處
수 시 심 출 처

推理識窮通
추 리 식 궁 통

誰掌絲綸美
수 장 사 륜 미

天池一鳳空
천 지 일 봉 공

* 此去(차거) : 이곳을 떠나다. 이곳은 고려의 도성(都城) 개경(開京)을 가리킨다.
* 出處(출처) : 출사(出仕)와 은거(隱居).
* 絲綸(사륜) : 임금이 내리는 조칙(詔勅)을 이르는 말로, 국서(國書)나 교서(敎書) 등 임금의 이름으로 나가는 모든 문서를 가리킨다.
* 天池(천지) : 하늘의 연못. 여기서는 왕명(王命)의 출납을 관장하는 부서인 중서성(中書省)의 이칭으로 쓰였다. 중서성은 달리 봉황지(鳳凰池)라고도 한다.

산으로 돌아가는 이 시랑에게 드리다

벗님께서 벼슬에 대한 뜻이 얕아
여기를 떠나 산속에 은거하신다네.
달밤에 까마득히 나르는 외기러기,
바람타고 비상하는 한 마리의 학!
때에 따라 출처(出處)를 살피시고
이치 헤아려 궁통(窮通) 아시는데
뉘라서 사륜을 아름답게 관장할까?
천지에 봉황 한 마리 비어버렸으니…

벼슬을 그만두고 도성을 떠나는 이 시랑을 전송하며 쓴 시이다. 이 시를 지어줄 무렵에는 죽간 선생이 벼슬을 하고 있었음이 분명하다. 제2구의 '차거(此去)'가 바로 그 증거이다. 이 시랑은 중서성에서 왕명의 출납을 관장하는 관리였는데 업무 처리 능력이 뛰어났기에 미련(尾聯:제7구와 제8구)과 같은 찬사가 있게 되었다. 천지(天池)에 봉황 한 마리가 비었다는 것은 뛰어난 인재가 그 직분을 그만두고 떠나게 된 것을 비유적으로 일컬은 말이다. 함련(頷聯:제3구와 제4구)은 산으로 들어가는 이 시랑의 처지를 비유적으로 얘기하면서도 그 고결함을 예찬한 것이고, 경련(頸聯:제5구와 제6구)은 이 시랑의 평소 처세를 칭찬한 것이다.

憶故國
억고국

昔忝邇英席
석첨이영석

猥蒙聖主知
외몽성주지

官遷賈誼日
관천가의일

輦過馮唐時
련과풍당시

未效涓埃報
미효연애보

謾尋湖海期
만심호해기

經年旅宦久
경년려환구

何日不追思
하일불추사

---

* 邇英(이영) : 송(宋)나라 때 금원(禁苑)의 궁전인 이영각(邇英閣)으로, 명칭은 영재(英才)를 가까이한다는 뜻을 담고 있다. ≪송사(宋史) · 인종기(仁宗紀)≫에 "경우(景祐) 2년(1035)에 이영 · 연의(延義) 두 각(閣)을 설치하고 ≪상서(尙書)≫ 무일편(無逸篇)을 병풍에 썼다."라는 기록이 있다.
* 蒙聖主知(몽성주지) : 성주(聖主)의 지우(知遇)를 입다. 이 말은 영명하신 군주께서 나를 알아주시고 대우해주셨다는 뜻이다.
* 賈誼(가의) : 가의는 한(漢)나라 때의 재사(才士)로서 시문에 뛰어나고 제자백가에 정통하여 문제(文帝)의 총애를 받았으며, 약관(弱冠)에 역대 최연소 박사가 되고 다시 1년 만에 태중대부(太中大夫)가 되었다.

고국을 그리며

예전에 이영각(邇英閣) 자리 더럽히고
외람스럽게도 성주의 지우(知遇) 입어
벼슬이 가의의 자리로 옮겨가던 날은
어가(御駕)가 풍당 앞을 지날 때였지.
은혜에 조금도 보답하지 못하고는
강호를 떠돌 일 기약하게 되었다네.
여러 해 나그네로 벼슬한지 오래니
어느 날인들 돌이켜 생각하지 않으랴!

---

* 馮唐(풍당) : 한문제(漢文帝) 때 이미 늙은 나이로 낭중서장(郎中署長)을 지낸 뒤 벼슬이 겨우 차기도위(車騎都尉)에 그치고 말았다. 무제(武帝) 때에 이르러 그가 다시 현량(賢良)으로 천거되었으나 나이가 이미 90이 넘어 복관(復官)할 수 없게 되자 그 아들을 낭(郎)으로 삼았다고 한다. 풍당의 고사를 쓴 것으로 보아 죽간 선생의 벼슬이 부친과 모종의 관계가 있을 듯하나 확인되지 않는다.
* 涓埃(연애) : 물방울과 티끌. 보통 매우 작은 것을 비유하는 말로 쓰인다.
* 旅宦(여환) : 타국에서 나그네로 벼슬살이를 한다는 뜻으로 쓰였다.

죽간 선생이 고려에서 벼슬을 살면서 조국인 송나라를 그리워하며 지은 이 시는 팔학사의 동래(東來) 시기와 관련하여 매우 중요한 단서를 제공하고 있다. 주(註)에서 언급한 바이지만 이영각(邇英閣)은 송(宋) 인종(仁宗) 경우(景祐) 2년(1035)에 설치된 전각이다. 오늘날 팔학사 후손의 문중마다 시조(始祖) 동래설(東來說)이 분분하지만 이 시를 근거로 살피자면 동래 시기가 송나라 인종(仁宗), 고려 문종(文宗) 이후가 아닐까 한다.

秋感
추 감

幕府秋風起
막 부 추 풍 기

天晶木葉飛
천 정 목 엽 비

江城寒鴈度
강 성 한 안 도

官樹晩蟬稀
관 수 만 선 희

日淨雲常駁
일 정 운 상 박

夜凉月倍輝
야 량 월 배 휘

幡然陶靖節
번 연 도 정 절

忽賦田園歸
홀 부 전 원 귀

---

* 幕府(막부) : 장군(將軍)이 집무(執務)하는 진영(陣營).
* 江城(강성) : 강가에 있는 도시나 성곽.
* 官樹(관수) : 관도(官道) 연변(沿邊)의 나무. 관도는 관리들이 공무를 수행하고자 다니는 길을 뜻한다.
* 幡然(번연) : 확 뒤집듯이 바꾸는 모양. 마음을 바꾼다는 의미로 풀었다.
* 陶靖節(도정절) : 동진(東晉)의 시인 도연명(陶淵明). 정절은 그의 사시(私諡)이다. 그는 일찍이 팽택령(彭澤令)이 된 지 80여일만에 <귀거래사(歸去來辭)>를 읊고는 벼슬을 버리고 전원(田園)에 은거하였다.

가을날 감회

막부(幕府)에 가을바람 일자
하늘은 맑고 나뭇잎 날리는데
강성(江城) 위로 찬 기러기 지나가고
관도 나무에는 철늦은 매미 드물다.
날이 맑아도 구름은 늘 아롱지고
밤 서늘하니 달빛이 배로 밝구나.
마음을 바꾼 도연명(陶淵明)이
문득 전원으로 돌아가리란 글 지었지.

제1구부터 제6구까지는 가을날에 마주한 풍경을 사실적으로 묘사한 것이다. 갑자기 미련(尾聯: 제7구와 제8구)에서 도연명의 은거를 언급한 까닭은 죽간 선생 역시 멀지 않아 벼슬을 그만두리라는 뜻을 내보인 것이다. 가을을 맞아 느낀 감회가 더없이 착잡했을 듯하다.

歸第時途中旅館
귀 제 시 도 중 여 관

踈簾下午陰
소 렴 하 오 음

起坐接雲岑
기 좌 접 운 잠

霜菊因思酒
상 국 인 사 주

風篁自聽琴
풍 황 자 청 금

無人虫葉砌
무 인 충 엽 체

盡日鳥枝林
진 일 조 지 림

賴有同留客
뢰 유 동 유 객

小床共伴吟
소 상 공 반 음

집으로 돌아갈 때 도중의 여관에서

성긴 발이 하오(下午)에 그늘져
일어나 앉아 구름 산 마주했네.
국화에 서리 내려 술 생각 간절한데
대숲에 바람 일어 거문고인 양 듣노라.
사람 없어 벌레는 잎새와 섬돌에서 울고
진종일 새는 나뭇가지와 숲을 오가누나.
다행히 함께 유숙하는 길손이 있어
작은 상 함께하며 짝하여 시 읊었노라.

집으로 돌아가는 길에 우연히 함께 유숙하게 된 길손과 더불어 한 잔 술을 들며 지은 시이다. 마지막 구에 보이는 '소상(小床)'은 말할 필요도 없이 주안상(酒案床)이다. 서리 맞은 국화를 보며 술 생각을 했으나 딱히 함께할 사람이 없어 바람에 서걱이는 대숲 소리를 거문고 소리인 양 여기며 무료함을 달래던 죽간 선생에게 그 길손은 죽마고우만큼이나 반가운 사람이었으리라.

歸第夜起看天
귀 제 야 기 간 천

悠悠意緒寒
유 유 의 서 한

散步倚空欄
산 보 의 공 란

萬里鴈鴻去
만 리 안 홍 거

三更牛斗間
삼 경 우 두 간

燈稀人已定
등 희 인 이 정

月上夜方闌
월 상 야 방 란

何處兩京是
하 처 양 경 시

北雲渺渺端
북 운 묘 묘 단

---

* 牛斗(우두) : 견우성(牽牛星)과 북두성(北斗星). 줄여서 우성(牛星)과 두성(斗星)이라고도 한다. 모두 북쪽에 있는 별로 여기서는 임금이 있는 도성에 대한 비유어로 쓰였다.
* 兩京(양경) : 고려 시대의 개경(開京)과 서경(西京:平壤)을 아울러 일컫던 말로 볼 수도 있겠지만, 죽간 선생에게는 고국(故國)이 되는 송(宋)의 수도 개봉(開封)과 고려의 수도 개경(開京)을 함께 칭한 말로 보는 것이 타당하다.

집으로 돌아와 밤에 일어나 하늘을 보다

끝없는 심사가 시리기만 하여
산보하다 빈 난간에 기댔나니
만 리 먼 데로 기러기 날아가는데
삼경에 두성과 우성을 쳐다보노라.
등불 드물어 사람 자취 이미 끊어지고
달이 돋아 밤은 바야흐로 깊어 가누나.
어디가 두 서울이 있는 곳일까?
북녘구름 아득한 끝자락이겠지.

이 시는 낙향한 첫날밤에 지어졌을 것으로 여겨진다. 벼슬을 버리고 낙향하였으니 심사가 결코 간단할 수는 없어 지친 육신으로도 쉬이 잠들지 못했을 것이다. 잠을 이룰 수 없어 야밤에 산보를 하다가 빈 난간에 기대었다. 여기서 하늘을 응시하며 느낀 감회를 한 마디로 요약하자면 그건 바로 충정(忠情)이다. 두고 온 고국도 현재 섬기는 나라도 결코 외면할 수 없는 심사였기에 세상이 다 잠든 시간에도 죽간 선생은 홀로 깨어 '두 서울'을 떠올릴 수밖에 없었다. 이 어찌 지고지순한 선비의 넋이 아니겠는가!

與客登高暮還
여 객 등 고 모 환

羈抱自難寬
기 포 자 난 관

對賓强作歡
대 빈 강 작 환

南蘭晩守馥
남 란 만 수 복

北鴈早知寒
북 안 조 지 한

風冷因圍帶
풍 냉 인 위 대

酒醒更整冠
주 성 경 정 관

黃花向我笑
황 화 향 아 소

恰似飮龍山
흡 사 음 룡 산

---

* 登高(등고) : 높은 곳에 오르다. 음력 9월 9일 중양절(重陽節)에 높은 곳에 올라 단풍이 든 풍경을 보고 즐기며 시와 술을 함께 나누던 풍속을 가리킨다.
* 黃花(황화) : 국화(菊花).
* 龍山(용산) : 진(晉)의 맹가(孟嘉)가 일찍이 정서장군(征西將軍) 환온(桓溫)의 참군(參軍)이 되었을 때, 한 번은 중양일(重陽日)에 환온이 용산(龍山)에서 연회를 베풀어 그의 막료(幕僚)들이 모두 모여서 술을 마시며 즐겁게 놀았는데, 그때 마침 바람이 불어서 맹가의 모자가 날아갔으나 맹가는 미처 그것도 알아차리지 못한 채 풍류를 한껏 발휘했다는 고사가 있다.

손님과 함께 높은 곳에 올랐다가 저물어 돌아오다

나그네 회포 스스로 달래지 못하다가
손님 마주하여 억지로 즐기게 되었네.
남방의 난초는 늦도록 향기 지키건만
북방의 기러기는 추위를 일찍도 아네.
바람 쌀쌀하여 허리띠 바짝 두르고
술이 깨 다시 갓끈 바르게 하였는데
국화가 나를 향해 웃어주니
흡사 용산에서 술 마시는 듯…

이 시는 죽간 선생이 낙향한 해 중양절에 지은 시이다. 낙향한 지 아직 얼마 되지 않는지라 심사가 다단(多端)할 수밖에 없어 회포를 스스로 달래지 못하고 있던 차에, 손님이 와 함께 높은 곳에 올라 명절을 즐기게 되었다. 남방의 난초가 늦도록 향기를 지킨다는 것은 자신의 충절(忠節)이 그러하다는 것이고, 북방의 기러기가 추위를 일찍 안다는 것은 자신의 심사(心事)가 그러하다는 것이다. 그럼에도 국화가 나를 향해 웃어주어 흡사 용산(龍山)에서 풍류를 즐기는 듯하다고 하였으니 그제쯤 울적하던 가슴팍도 많이 풀어졌을 법하다.

王尙書致仕歸見訪
왕 상 서 치 사 귀 견 방

叩門見舊知
고 문 견 구 지

罷睡對山籬
파 수 대 산 리

蘭秀鴈來日
란 수 안 래 일

稻黃蟹紫時
도 황 해 자 시

四海詩樽大
사 해 시 준 대

五湖月帆遲
오 호 월 범 지

斯翁賢且哲
사 옹 현 차 철

出處乃隨宜
출 처 내 수 의

---

* 見訪(견방) : 방문을 받다. '見'은 피동의 의미이다.
* 四海(사해) : 사방 바다 안쪽이란 뜻에서 온 세상(世上)을 일컫게 된 말이다.
* 五湖(오호) : 고대 오월(吳越) 지역의 호수로, 구구(具區), 요포(洮浦), 팽려(彭蠡), 청초(靑艸), 동정(洞庭)을 가리킨다. 또는 태호(太湖)의 별칭이라고도 한다. 범려(范蠡)가 월(越)나라 구천(句踐)을 도와 오나라를 멸망시킨 뒤에 물러나 조각배를 타고 오호 지역을 떠다녔다고 하여, 은거지(隱居地)를 뜻하는 말로 자주 사용된다.
* 出處(출처) : 출사(出仕)와 은거(隱居).

왕 상서가 벼슬을 그만두고 돌아가는 길에 방문하다

문 두드리기에 옛 친구임을 알고서
잠 깨어 산마을 울타리 바라보았지.
기러기 오는 날에 난초는 빼어나고
게 붉어가는 때에 벼 누렇게 익었네.
사해(四海)에는 시인의 술동이 크고
오호(五湖)에는 달밤 돛배가 더디리.
이 노인은 어질고 또 총명하여
출사도 은거도 의당함 따른다네.

왕 상서가 낙향하는 길에 방문하였을 때 죽간 선생이 써서 준 시이다. 왕 상서가 미구(未久)에 찾아올 거라는 사실을 알았기 때문에 제1구와 같은 말이 있게 되었다. 미련(尾聯:제7구와 제8구) 역시 제1구의 연장선상에서 이해되는데, 왕 상서의 낙향이 결코 무리수가 아니라 시의적절한 것임을 확인시켜 준다. 제3구의 난초는 왕 상서의 인품이 고결함을, 제4구의 게와 벼는 그를 후히 대접하겠다는 뜻을 함축한 말이다. 경련(頸聯:제5구와 제6구)은 시와 술로 풍류를 즐기는 것을 잊지 말자는 다짐이다.

朴侍郎乘暮見訪
박 시 랑 승 모 견 방

燈前對白頭
등 전 대 백 두

樽酒慰羈愁
준 주 위 기 수

鳥宿荒苔砌
조 숙 황 태 체

虫吟病葉樓
충 음 병 엽 루

窮途多落日
궁 도 다 낙 일

暮境又高秋
모 경 우 고 추

江漢一孤艇
강 한 일 고 정

無人在下流
무 인 재 하 류

---

* 窮途(궁도) : 가난하고 어려운 경우나 처지.
* 江漢(강한) : 장강(長江)과 한수(漢水)로 중국의 형초(荊楚) 일대를 가리킨다. 여기서는 남쪽 지방을 가리키는 말로 쓰였다.

박 시랑이 저물녘에 방문하다

등잔 앞에서 흰 머리 마주하고
동이 술로 나그네 시름 위로하자니
새는 이끼 거친 섬돌에 깃들고
벌레는 잎이 시든 누대에서 운다.
궁한 처지라 지는 햇살 많은데
늙은 나이에 또 하늘 높은 가을!
강가에는 한 척의 외로운 배,
사람 없이 하류에 매여 있구나.

미련(尾聯:제7구와 제8구)에서 언급한 강과 배가 실제 상황이냐 아니냐 하는 문제는 그다지 중요하지 않다. 박 시랑은 어차피 돌아가야 할 사람이므로 탈 것이 배든 나귀든 그게 무슨 문제가 되랴! 흰 머리로 마주하여 술로 시름을 달래는 두 사람은 이역(異域)의 나라에서 늙어가는 상국(上國)의 벼슬아치들이었다. 어찌 회포가 여상(如常)했을까? "궁한 처지라 지는 햇살 많은데, 늙은 나이에 또 하늘 높은 가을!" — 이 시구를 대하고도 눈시울 적시지 않는 사람이 있다면 그는 필시 인생이 무엇인지도 모르는 사람이리라.

雨夕客到
우 석 객 도

異哉一過客
이 재 일 과 객

其跡似孤鴻
기 적 사 고 홍

紅樹早霜後
홍 수 조 상 후

黃花踈雨中
황 화 소 우 중

路窮西日夕
노 궁 서 일 석

衣冷朔天風
의 냉 삭 천 풍

一見如知舊
일 견 여 지 구

能詩氣健雄
능 시 기 건 웅

비 내리는 저녁에 손님이 오시다

이상도 하지요, 한 길손께서는
그 자취가 짝 잃은 기러기와 같으니…
일찍 서리 내린 뒤로 나뭇잎 붉어지고
성근 빗속에서 국화 노랗게 피었는데
길 험하여 서녘 해가 저녁이 되고
옷에 차도록 북녘의 바람이 불었겠지요.
한번 뵈도 오래 알고 지낸 친구 같은데
시도 잘하시고 의기도 씩씩하십니다.

이 시에서 언급한 손님이 누군지 확인할 길은 없지만 죽간 선생을 흠모해 먼 길을 찾아온 사람임에 틀림이 없다. 이미 낙향한 인사를 찾아간다는 것은 결코 예사로운 일이 아니다. 더군다나 죽간 선생이 막후의 실력자로 힘을 행사할 위치에 있지도, 재력이 넉넉했던 것으로 보이지도 않는 상황에서 찾아갔다는 것은 방문의 목적이 정말 순수했을 것임을 짐작케 한다. 마지막 구의 내용으로 보건대 그 손님은 어쩌면 죽간 선생의 시명(詩名)을 익히 듣고 찾아갔을 가능성도 점쳐진다. 그러기에 죽간 선생은 이런 시를 지어 그의 정성과 노고를 기념하게 되었을 것이다.

寄京城諸友
기 경 성 제 우

往時追逐地
왕 시 추 축 지

杳若屬先天
묘 약 속 선 천

學館修文日
학 관 수 문 일

兵衙試武年
병 아 시 무 년

自賦歸來後
자 부 귀 래 후

不忘夢想邊
불 망 몽 상 변

多謝諸君子
다 사 제 군 자

仰酬聖眷焉
앙 수 성 권 언

---

* 追逐(추축) : 벗 사이에 서로 왕래(往來)하며 사귀는 일.
* 自賦歸來(자부귀래) : 스스로 <귀거래사(歸去來辭)>를 읊다. <귀거래사>는 진대(晋代)의 도연명(陶淵明)이 벼슬을 버리고 고행으로 돌아갈 때 지은 글인데, 후에는 사임 성명서와 같은 의미로 해석되었다.
* 夢想(몽상) : 보통은 꿈속의 생각을 가리키나 여기서는 '꿈속에서조차 그리워함' 정도의 의미로 쓰였다.
* 聖眷(성권) : 임금의 사랑이나 임금의 은혜.

도성의 여러 벗들에게 부치다

지난 시절에 사귀며 왕래하던 땅이
아득하기가 선천(先天)의 세상인 듯…
글방에서 학문을 익히던 때는
병부에서 무술을 시험하였던 해였지.
스스로 벼슬 버린 후로는
꿈속의 그리움조차 잊지 못했네.
여러 군자들에게 사례(謝禮)하나니
우러러 성군 사랑에 보답하시게나.

이 시에서의 경성(京城)은 고려 도성이 아닌 송나라 도성을 가리킨다. 그러므로 이 시는 중국에 있는 벗들을 그리워하며 쓴 시라 할 수 있다. 서로 사귀며 왕래하던 도성이 마치 전생(前生)의 세상처럼 여겨진다는 것은, 송나라가 이제는 영원히 돌아갈 수 없는 곳이 되었음을 말한 것이다. 그리움이 꿈에서조차 잊을 수 없는 것이 되었음에도 임금의 은혜에 보답하라며 들려준 죽간 선생의 권면(勸勉)의 말은 비장(悲壯)하기까지 하다.

贈崔翰林
증 최 한 림

一別還如夢
일 별 환 여 몽

秋來思正勞
추 래 사 정 로

芋栗新收院
우 율 신 수 원

菊花剩釀槽
국 화 잉 양 조

千里阻音信
천 리 조 음 신

百年惜鬢毛
백 년 석 빈 모

何時同結社
하 시 동 결 사

携手更相遭
휴 수 경 상 조

---

* 惜鬢毛(석빈모) : 귀밑털을 안타까워하다. 귀밑머리가 셀 정도로 세월이 가버린 것을 안타까워 한다는 뜻이다.
* 結社(결사) : 어떤 단체를 결성하는 것을 이르는 말이다.

최 한림에게 드리다

한 번 작별한 것이 다시 꿈만 같은데
가을 되니 그리움이 정말 간절합니다.
토란과 밤은 새로 담 안에서 거두고
국화는 술통에 넉넉하게 빚었겠지요.
천 리 먼 길에 소식마저 막혀버리고
백년 인생에 귀밑털이 안타깝습니다.
어느 때나 함께 모임 만들어
손잡고 다시 만나게 될까요?

가을날에 최 한림을 그리워하며 지은 시이다. 이 당시에 최 한림이 벼슬에 있었을 가능성도 없지는 않지만, 함련(頷聯:제3구와 제4구)의 내용으로 보아 아무래도 낙향한 뒤가 아닐까 싶다. 함련은 죽간 선생의 일이라기보다 최 한림의 일로 파악하는 것이 자연스럽기 때문이다. 서로 낙향한 채 늙어가는 나이에 소식마저 끊어져 안타까운데 다시 만날 일조차 기약할 수 없다는 절망감이 저절로 묻어난다. 노경(老境)의 적은 가난이 아니라 외로움이었으리라.

登山與諸客寫懷
등 산 여 제 객 사 회

晩山碧樹秋
만 산 벽 수 추

登此作優遊
등 차 작 우 유

幽逕開佳境
유 경 개 가 경

層巖出健樓
층 암 출 건 루

詩成堪自樂
시 성 감 자 락

步倦更宜休
보 권 경 의 휴

同來陶謝屐
동 래 도 사 극

淘盡世間愁
도 진 세 간 수

* 陶謝屐(도사극) : 도연명(陶淵明)과 사령운(謝靈運)의 등산용 나막신[屐]이라는 뜻이지만, 나막신 고사는 사령운(謝靈運)과 관계되는 것이다. 남조(南朝) 송(宋)의 시인이었던 사령운이 명산을 유람할 적에 산을 오를 때에는 나막신의 앞굽을 떼어 버리고 산을 내려올 때에는 뒷굽을 떼어 걷기에 편리하도록 했다는 고사가 있다. '사령운의 나막신'이라는 말은 보통 등산의 대용어로 쓰인다.

산에 올라 여러 손님들과 회포를 적다

저문 산자락에 나무가 푸른 가을,
여기에 올라 즐겁게 놀고 있노라.
그윽한 길은 아름다운 곳 열어주고
층진 바위엔 높다란 누각 솟아났네.
시 완성되면 스스로 즐길 수 있고
걷다가 지치면 다시 쉴 수 있는 것.
사령운의 나막신 신고 함께 왔다가
세상의 시름 다 씻어버렸노라.

아직 단풍이 들지 않은 초가을에 손님들과 함께 산에 올라 시를 지으며 노는 자리에서 마음속 감회를 적은 시이다. 세상살이의 시름이라고 할만한 것은 단 한 마디도 언급하지 않고 마지막 구에서 세상의 시름을 다 씻어버렸다고 하였으니 세상 사람들에게 등산을 권하는 것이 좋지 않을까? 등산을 육체적인 건강을 위한 운동 정도로만 여기는 요새 사람들이 배워야 할 것이 바로 이런 데 있다.

曾海山隱者
증 해 산 은 자

筮得天山繇
서 득 천 산 요

深藏不市才
심 장 불 시 재

庭空馴瘦鶴
정 공 순 수 학

園淨種寒梅
원 정 종 한 매

白屋秋同老
백 옥 추 동 로

青雲路無媒
청 운 로 무 매

惟有書千卷
유 유 서 천 권

窮懷强自開
궁 회 강 자 개

---

* 天山繇(천산요) : '천산(天山)'은 위에 하늘이 있고 아래에 산이 있는 상(象)으로 ≪주역(周易)≫의 돈괘(遯卦)를 가리킨다. 양(陽)은 쇠하여 가고 음(陰)이 자라나므로 군자는 물러나 피해야 하고, 소인은 점점 진출하며 입지를 굳히는 뜻이 있다 한다. '천산요(天山繇)'는 천산[돈괘(遯卦)]에 담긴 의미를 기리는 노래, 곧 은둔을 기리는 노래 정도로 이해하면 된다.
* 白屋(백옥) : 띠풀로 이엉을 삼은 집으로 가난한 자가 사는 집을 가리킨다.
* 青雲路(청운로) : 청운의 길. 출세와 현달(顯達)의 길.

해산 은자에게 드리다

은둔을 기리는 노래 점쳐 얻고서
깊이 숨어 재주 팔지 않으셨지요.
빈 뜰에서는 파리한 학 길들이고
깨끗한 정원에는 매화 심으셨는데
띠풀 집에서 세월과 함께 늙어가도록
청운의 길은 소개해줄 이도 없었지요.
오로지 천 권의 책이 있어
곤궁한 회포 가까스로 열게 되었지요.

해산(海山)이 산명(山名)인지, 지명(地名)인지, 바닷가의 산이라는 뜻인지, 은자(隱者)의 호(號)인지 확인되지 않지만 아무래도 은자가 사는 곳을 지칭한 말인 듯하다. 학을 길들이고 매화를 가꾼다고 한 언급은 매화를 아내로 삼고 학을 자식으로 삼으며[梅妻鶴子] 살았다는 북송(北宋)의 처사 임포(林逋)를 떠올리게 한다. 신선처럼 살아가고 있는 은자를 예찬한 말이다. 독서로 회포를 풀며 고적함을 달래는 은자의 삶은 또한 죽간 선생의 삶이기도 했으리라.

雨後夜待所親獨吟
우 후 야 대 소 친 독 음

秋雨向晩歇
추 우 향 만 헐

濃雲未全開
농 운 미 전 개

有月空相對
유 월 공 상 대

無人獨自來
무 인 독 자 래

奇書能忘食
기 서 능 망 식

俗念便成灰
속 념 변 성 회

待君過夜半
대 군 과 야 반

惟聽漏聲催
유 청 루 성 최

* 漏聲(누성) : 물시계 등에서 물이 흘러 떨어지는 소리.

비온 뒤 밤에 친하게 지내는 이를 기다리다 혼자 읊다

가을비가 저물녘 되어 그쳤지만
짙은 구름이 다 걷히진 않았네.
달이 있어 공연히 마주하였다가
사람 없어 홀로 돌아왔노라.
기이한 책이 식사도 잊게 하더니
속념을 바로 재가 되도록 하였네.
그대 기다리느라 한밤중 넘겼는데
시간 재촉하는 물시계소리만 들릴 뿐!

제4구의 내용으로 보건대 죽간 선생이 친하게 지내는 사람과 만나기로 한 장소는 집이 아니었던 듯하다.[獨自來] 그렇다면 당연히 정자(亭子)거나 주막쯤이었을 터인데, 기다리다가는 집으로 돌아와 재미있는 책을 폈더니 책이 속념조차 재가 되게 하더라는 얘기이다. 또 제7구의 내용으로 보자면 집에서도 기다린 듯한데 밤이 이슥하도록 사람 발자국 소리는 들리지 않고 물시계 소리만 들릴 뿐이었다. 다소 속상했을 터임에도 불평하는 대신 이 시를 지어두었다가 훗날 바람맞힌 그 사람에게 웃으며 보여주고는 핀잔을 던졌음직한 죽간 선생의 모습이 머릿속에 그려진다.

見南隣老叟作詩以戲
견 남 린 노 수 작 시 이 희

齒落頭兼禿
치 락 두 겸 독

耳聾眼亦昏
이 농 안 역 혼

年高經世亂
년 고 경 세 란

春冷負朝暄
춘 냉 부 조 훤

對人誇古俗
대 인 과 고 속

出巷問方言
출 항 문 방 언

餘日將終樂
여 일 장 종 락

花陰戲抱孫
화 음 희 포 손

남쪽 이웃 노인을 보고 시를 지어 놀리다

이는 빠지고 머리도 벗어졌는데
귀는 멀고 눈 또한 흐릿하시지.
연세 높도록 세상의 난리 겪고
봄에도 추워 아침햇살 등에 지셨네.
사람 만나서는 옛 풍속 자랑하고
마을 나가서는 사투리 묻기가 일쑤!
여생은 즐겁게 마치시리라,
꽃그늘에서 손자 안고 어르고 계시니…

일견 놀리는 듯하지만 기실 따뜻한 정을 내보인 시이다. 기련(起聯:제1구와 제2구)이나 제4구와 같은 노화 현상은 누구도 피해갈 수 없는 일이기 때문에 놀린 듯하지만 실상 놀린 것이 아니다. 그리고 나이 든 사람에게 현재는 늘 과거보다 불만스러운 것이 많은 공간이기에 제5구처럼 옛날 풍속을 자랑할 수도 있는 것이다. 타처로 나가면 말을 잘 알아듣기 어려운 게 예나 지금이나 마찬가지니 사투리를 묻는 것 역시 조금도 이상할 것이 없다. 미련(尾聯:제7구와 제8구)에서는 노인네가 앞에서 얘기한 것과 같음에도 불구하고 손자를 안고 행복한 여생을 보내고 있다며 부러워한 것이다.

暮春遊林泉風浴而歸
모 춘 유 임 천 풍 욕 이 귀

幽泉淸且活
유 천 청 차 활

洞口水聲聞
동 구 수 성 문

耽來風浴好
탐 래 풍 욕 호

滌盡塵心紛
척 진 진 심 분

榻設平平石
탑 설 평 평 석

屐生淡淡雲
극 생 담 담 운

勝地難常得
승 지 난 상 득

不覺日西曛
불 각 일 서 훈

* 林泉(임천) : 숲과 샘. 곧 수목이 울창하고 샘물이 흐르는 산속을 가리키는데, 보통 자연 혹은 산수라는 의미로 많이 쓰인다.
* 風浴(풍욕) : 대개 숲속에서 아래 내의 등을 벗고 양물(陽物)을 햇빛에 쬐던 일종의 건강 요법을 가리키나, 오늘날 삼림욕 정도의 뜻으로 이해해도 무방하다.

저문 봄에 임천(林泉)에서 놀며 풍욕(風浴)을 하고 돌아오다

그윽한 개울물이 맑고도 세차

골짝 어귀까지 물소리 들렸지.

풍욕 좋다는 걸 탐하여 왔다가

속된 마음속 번거로움 다 씻었네.

평평한 바위 위에 걸상 차렸더니

나막신에서 담담한 구름 피어났네.

좋은 곳을 늘 얻기는 어려운지라

해가 서산에 물들인 것도 몰랐다네.

풍욕이 건강에 좋다는 얘기를 듣고 풍욕을 하러 산에 왔다가 마음속 번거로움까지 다 씻어내게 되었으니 죽간 선생은 이날, 이래저래 얻은 것이 많았으리라. 미련(尾聯: 제7구와 제8구)은 모처럼 맘에 드는 곳을 찾아 즐겁게 노느라 해가 지는 것도 몰랐다는 뜻이다.

與薛學士同寫卽景
여 설 학 사 동 사 즉 경

故人來起我
고 인 래 기 아

一醉放高歌
일 취 방 고 가

雨塘芳草合
우 당 방 초 합

風院落花多
풍 원 낙 화 다

景物雖如許
경 물 수 여 허

衰容奈若何
쇠 용 내 약 하

知君情更勝
지 군 정 경 승

百遍好相過
백 편 호 상 과

* 卽景(즉경) : 그 자리에서 보는 광경이나 눈앞의 경치.

설 학사와 더불어 즉경(卽景)을 함께 읊다

벗님이 오시어 나를 일으켜
한바탕 취해 소리 높여 노래하였지.
비 듣는 연못에는 방초가 이어지고
바람 부는 정원에는 낙화가 많아라.
경물이 비록 이토록 좋다하나
시들어가는 얼굴은 어찌할까!
그대의 성정 더욱 빼어남을 내 아나니
백번인들 서로 들르는 일 즐겨 하세나.

옛날 선비들은 둘만 모여도 의기투합하여 술을 마시고 경물을 감상하며 시를 지었다. 여기 설 학사와 죽간 선생 또한 예외가 아니었다. 설 학사의 방문으로 시작된 술자리는 고성방가(高聲放歌)를 할 정도로 흥겨웠지만, 제6구에서 말한 것처럼 이미 늙어가고 있는 처지가 안타까울 수밖에 없었다. 이는 제4구에서 '낙화'로 미리 복선을 깔아놓은 것이기도 하다. 그럼에도 죽간 선생은 미련(尾聯: 제7구와 제8구)을 통해 설 학사의 성정을 칭찬하는 한편 서로 만나는 일이 많아지기를 염원하였다.

三月晦日送人
삼 월 회 일 송 인

東風吹靜几
동 풍 취 정 궤

睡起費沈吟
수 기 비 침 음

風流隨老減
풍 류 수 로 감

春恨病人深
춘 한 병 인 심

殘花紅作雨
잔 화 홍 작 우

茂樹綠成陰
무 수 록 성 음

親朋同日去
친 붕 동 일 거

意緖正難禁
의 서 정 난 금

---

* 沈吟(침음) : 여러 가지 뜻이 있지만 여기서는 깊이 생각에 잠긴다는 뜻으로 풀이하는 것이 좋을 듯하다. 또한 나직이 읊조리며 음미한다는 뜻으로 풀어도 무방하다.
* 春恨(춘한) : 대개 봄날의 경치에 끌려 마음속에 일어나는 정한(情恨)을 가리키지만, 청춘이 가버린 것에 대한 한스러움이나 봄날이 가버리는 것 자체에 대한 한스러움 등으로 풀어도 무방하다.
* 同日去(동일거) : 해와 함께 가다. 해질 무렵에 떠나는 것을 말한다.

삼월 그믐날에 사람을 전송하며

봄바람이 고요하던 안석에 불어와
잠에서 깨 깊이 생각에 잠겼노라.
풍류도 늙어감에 따라 줄어드는데
봄날 정한은 깊게도 사람 병들게 하네.
스러지는 꽃은 붉은 비가 되고
무성한 나무는 푸른 그늘 이루었네.
친한 벗님이 해와 함께 가버리면
내 심사는 정말 견디기 어려우리.

꽃비가 내리고 나무는 녹음을 이루었으니 더없이 좋은 때이지만, 벗이 가버리고 나면 그 아름다운 경물조차도 쓸쓸한 것이 되고 말리라는 것이 후반 4구의 주지(主旨)이다. 이는 함련(頷聯: 제3구와 제4구)과 어우러져 더할 수 없는 비애감을 자아낸다. 말이 났으니 말이지 함련은 정말 이백(李白)과 같은 대시인이라 하더라도 무릎을 치지 않을 수 없는 명구(名句)이다. 그러나 그 뜻은 너무 슬프다. 이 시가 지어진 시간적 배경을 고려할 때 여기서 전송받고 있는 사람이 앞의 시에 나온 설 학사로 여겨지지만 단언할 수는 없다.

第三. 七言絕句

賀李尚書病起
하 이 상 서 병 기

憂國憂民志未衰
우 국 우 민 지 미 쇠

從知肌骨倍淸羸
종 지 기 골 배 청 리

問君那得回春慶
문 군 나 득 회 춘 경

朝野昇平是一醫
조 야 승 평 시 일 의

* 淸羸(청리) : 야위어 허약하다
* 朝野(조야) : 조정과 민간. 곧 온 나라.

이 상서가 병석에서 일어난 것을 축하하며

나라와 백성 걱정하는 뜻 시들지 않아

살과 뼈가 배나 야윈 걸 알 수 있었는데

물어봅니다, 어떻게 회춘의 경사 얻으셨는지?

온 나라가 태평하단 게 한 의원이 되었겠지요.

나랏일을 보다가 병이 들었던 이 상서가 쾌차한 것을 축하하며 쓴 시이다. 제4구는 이 상서의 답변이라기보다는 죽간 선생의 자답(自答)으로 보는 것이 타당할 듯하다. 태평한 시절을 의원(醫員)으로 여기는 죽간 선생의 재치도 재치지만 그러한 심사야말로 충정(忠情)이라는 말이 아니면 설명하기 힘들 것이다. '회춘의 경사'는 병석에서 일어난 것을 해학적으로 표현한 말이다.

和金翰林退朝詩
화 김 한 림 퇴 조 시

拜入蓬萊五色雲
배 입 봉 래 오 색 운

九重閶闔自天聞
구 중 창 합 자 천 문

知君才德兼文武
지 군 재 덕 겸 문 무

將見殊時樹大勳
장 견 수 시 수 대 훈

---

* 蓬萊五色雲(봉래오색운) : 봉래산(蓬萊山)의 오색구름이라는 뜻이지만, 여기서는 궁궐의 의미로 사용되었다. 봉래산은 전설적인 삼신산(三神山)의 하나로 신선이 산다고 하는 곳이다.
* 閶闔(창합) : 궁궐의 정문. 여기서는 임금 혹은 조정이라는 뜻으로 쓰였다.

김 한림의 <퇴조시(退朝詩)>에 화답하다

봉래산 오색구름 속으로 절하고 들어간 것은

구중궁궐 창합이 하늘에서 들은 것 있어선 데

그대 재주와 덕에 문무도 겸하고 있음 아나니

다른 날 큰 공훈 세우는 것 볼 수 있겠지요.

제1구의 '배입(拜入)'은 벼슬살이를 하게 되었다는 의미이고, 제2구는 임금 혹은 조정이 김 한림을 불러 벼슬을 준 것이 하늘의 뜻이었음을 말한 것이다. 그런 김 한림이 재덕(才德)에 문무까지 겸하고 있으니 공훈을 세우리라는 것은 불문가지라는 것이 이 시의 뜻이다.

獨夜吟
독 야 음

羈臣幸值聖明時
기 신 행 치 성 명 시

慙愧無功祿位尸
참 괴 무 공 록 위 시

耿耿終宵忘就寢
경 경 종 소 망 취 침

欲輸微悃報休治
욕 수 미 곤 보 휴 치

---

* 聖明(성명) : 임금의 덕이 높고 밝다는 말이다. 또한 그러한 임금을 가리키기도 한다.
* 位尸(위시) : 시위(尸位)의 도치로, 시위소찬(尸位素餐)의 준말이다. 시위소찬이란 직책을 다하지 않고 자리만 차지하여 녹을 받아먹는 것을 말한다. 시위는 옛날에 제사(祭祀)지낼 때 신주(神主) 대신에 시동(尸童)을 앉히던 자리를 가리킨다.
* 耿耿(경경) : 염려(念慮)가 되어 잊히지 않는 모양.
* 微悃(미곤) : 작은 정성.
* 休治(휴치) : 아름다운 정치. 곧 선정(善政)을 가리킨다.

홀로 밤에 읊다

나그네 신하가 다행스레 성명한 때 만났건만
공도 없이 시위(尸位)에서 녹만 먹기 부끄럽네.
염려 깊어 밤새도록 잠자리에 못 든 것은
작은 정성이나마 다해 선정에 보답하고 싶어서네.

죽간 선생이 이 시를 지을 무렵에는 벼슬을 하고 있었다. 나라에 특별한 변고가 없는 '성명(聖明)한 때'라 딱히 공을 세울 일도 없었을 터이지만, 일도 안하고 녹봉만 받는 듯하여 마음이 적이 미편했을 법하다. 무엇으로 임금의 은공에 보답할까를 생각하느라 밤까지 샌 신하의 마음을 임금은 알기나 하였을까?

與僚佐賓客談笑
여 료 좌 빈 객 담 소

公門晝寂似林齋
공 문 주 적 사 림 재

剩接賓朋笑詠偕
잉 접 빈 붕 소 영 해

於此宴閒誰所賜
어 차 연 한 수 소 사

從知恩渥浩無涯
종 지 은 악 호 무 애

---

* 僚佐(요좌) : 속관(屬官), 하급 관리.
* 公門(공문) : 관청의 문이라는 뜻이지만 관청을 제유(提喩)하는 말로 쓰였다.
* 宴閒(연한) : 잔치를 열고 한가롭게 즐긴다는 뜻이다.
* 恩渥(은악) : 두터운 은혜. 임금의 은혜라는 뜻으로 쓰였다.

속관(屬官) 및 손님들과 더불어 담소를 나누다

관청이 낮에도 고요하여 숲속의 집 같음에

여유롭게 손님 맞아 함께 담소하며 시 짓노라.

여기, 한가한 잔치는 누가 내려주신 걸까?

임금님 넓은 은혜 가없음을 알 수 있었네.

관청에 속관들과 손님들을 불러놓고 환담을 즐기며 시를 짓는다는 것은 바쁜 일이나 별난 일이 없어야 가능하다. 이 한가한 잔치를 가능하게 한 것이 바로 임금이니 임금의 은혜는 끝이 없다는 것이다. 오늘날 같으면 근무중에 파티를 열었다고 여론의 뭇매를 맞을 일이지만, 그 옛날에는 이런 잔치조차 임금의 덕을 기리는 일이 될 수 있었다.

京口春望
경구춘망

紫陌紅塵亂馬蹄
자맥홍진난마제

鼕鼕歌鼓遠高低
동동가고원고저

繁華不是吾人事
번화불시오인사

付與靑年手共携
부여청년수공휴

---

* 紫陌(자맥) : 도성(都城)의 큰길. 때로 도성을 가리키기도 한다.
* 鼕鼕(동동) : 둥둥. 북 등이 울리는 소리.

도성 어귀에서 봄을 조망(眺望)하고

도성 길 붉은 먼지, 말발굽 요란한데

둥둥 노래 맞춘 북소리가 멀리서 커졌다 작아졌다…

번화한 건 내 일삼을 바 아니라서

젊은이들 손잡고 가게 하였노라.

죽간 선생이 어쩌면 일로 도성이 보이는 곳까지 부하들을 데리고 갔다가 어디선가 풍악 울리는 소리가 들리기에 부하들에게는 가서 놀게 하고 자신은 남아 이 시를 지었을 것으로 보인다. 번화한 것은 내가 일삼을 바 아니라는 것은, 아래 구절의 '청년(青年)'이라는 말과 결부시켜 볼 때 화려한 놀이를 일삼을 나이가 아니라는 뜻이다. 마음이야 청년과 다르지 않았겠지만 놀이는 청년들에게 맡겨두고 멀리서 관조(觀照)하는 것 또한 부하들에 대한 각별한 애정이었으리라.

酬金山人來顧
수김산인래고

人來酒熟杏花村
인래주숙행화촌
白首相看一笑嬉
백수상간일소희
安得辭官隨子去
안득사관수자거
名山携手共棲遲
명산휴수공서지

* 金山人(김산인) : 김씨 성을 가진 산인(山人). 산인은 깊은 산 속에서 세상(世上)을 멀리하고 사는 사람을 가리키는 말이다.
* 수창(酬唱) : 시(詩)를 주고받는 일을 가리킨다.
* 棲遲(서지) : 벼슬을 하지 않고 세상을 피하여 시골에서 산다는 뜻이다.

김 산인이 찾아왔기에 수창(酬唱)하다

술 익은 살구꽃 마을에 사람이 찾아와

흰머리로 마주해 한바탕 웃으며 즐겼네.

어떻게 하면 벼슬 버리고 그대 따라 가

명산에서 손잡고 함께 살 수 있을까?

죽간 선생이 벼슬은 하고 있지만 마음은 이미 자연에 있음을 알게 해주는 시이다. 살구꽃 피는 철에 술도 막 익었는데 반가운 벗이 찾아와 술을 마시며 담소를 나누는 자리이다. 시를 주고받으며 흥을 돋우고 있지만, 벗은 산 속에 사는 자유인이고 자신은 벼슬에 매인 나그네이다. 어찌 벗이 부럽지 않았으랴! 그리하여 제3, 4구와 같은 말이 있게 된 것이다.

送金山人歸故山
송 김 산 인 귀 고 산

看君鬢髮已添霜
간 군 빈 발 이 첨 상

此去靑山極目長
차 거 청 산 극 목 장

叢桂巖阿幽竹館
총 계 암 아 유 죽 관

世間聲利不承當
세 간 성 리 불 승 당

---

* 故山(고산) : 고향 산, 고향.
* 鬢髮(빈발) : 살쩍(귀밑털)과 머리털.
* 承當(승당) : 받아들여 감당하다.

고향 산으로 돌아가는 김 산인을 전송하며

그대 머리털이 이미 서리 더한 걸 보았나니
이곳에서 청산까지는 눈길 다하도록 멀리라.
계수나무 우거진 바위 언덕 그윽한 대나무집,
세상의 명리야 받아들여 감당하지 못하리라.

제3구는 김 산인의 처소를 묘사한 것인데 이를 실경(實景)으로 여길 필요까지는 없다. 다만 그런 고요한 곳에서 신선처럼 사는 김 산인 같은 은자가 어찌 세상의 명리를 감당해낼 수 있겠는가! 제4구의 본의(本意)는 김 산인은 세상의 명리 따위는 받아들이려고도 하지 않으리라는 것인데 죽간 선생이 이를 슬쩍 돌려 얘기하였다.

與諸宰臣登樓
여 제 재 신 등 루

暫抛公務賦登樓
잠 포 공 무 부 등 루

民海層層碧玉流
민 해 층 층 벽 옥 류

莫把青雲誇富貴
막 파 청 운 과 부 귀

古來賢者遯無求
고 래 현 자 둔 무 구

* 宰臣(재신) : 보통은 중신(重臣)이라는 뜻으로 쓰이나 여기서는 벼슬아치, 관원(官員)이라는 뜻으로 쓰였다.
* 民海(민해) : 민가(民家)의 바다. 숱한 민가를 비유적으로 일컬은 말이다.
* 碧玉(벽옥) : 푸른빛이 도는 기와를 비유적으로 일컬은 말이다.
* 青雲(청운) : 보통은 벼슬길이라는 의미로 쓰이지만 여기서는 공명(功名)을 나타내는 말로 쓰였다.

관원(官員)들과 더불어 누대에 올라

잠시 공무 던져두고 누대 오른 감회 읊으려니

민가 바다에 층을 이룬 벽옥이 흐르는구나.

공명 잡았다고 부귀 자랑하지는 말아야 할 일,

고래로 현자는 세속 피해 구하는 게 없었으니…

이 시는 죽간 선생이 수하의 관원들을 데리고 개경(開京)에 있는 어느 누대에 올라 지은 것으로 보인다. 제2구는 누대에 올라 조감(鳥瞰)한 경치를 묘사한 대목인데 '민해(民海)'는 민가의 바다로, '벽옥(碧玉)'은 푸른빛이 도는 기와를 비유한 말로 여겨진다. 이날 이 자리에서 벼슬길에 들었다고 우쭐대고 부귀를 꿈꾸는 수하의 관원이 없지 않았기에, 죽간 선생은 세속을 피해 달리 추구하는 것이 없었던 옛날 현자가 걸었던 길을 들려주었을 것이다.

退朝後獨賦
퇴 조 후 독 부

簿籍堆傍盡日催
부 적 퇴 방 진 일 최

平生堪愧乏良材
평 생 감 괴 핍 량 재

寸丹每欲崇呼碧
촌 단 매 욕 숭 호 벽

拜入朝端擎玉盃
배 입 조 단 경 옥 배

---

* 退朝(퇴조) : 조회(朝會)에서 물러 나오거나 조정(朝廷)에서 물러 나오는 것을 뜻한다.
* 寸丹(촌단) : 한 조각 붉은 마음. 충성심(忠誠心)을 가리킨다.
* 崇呼碧(숭호벽) : "호벽숭(呼碧崇)"이라는 말을 변형시킨 표현이다. 한(漢)나라 무제(武帝)가 숭산(崇山)에서 제사를 지낼 때 세 번 만세를 외치는[三呼碧崇] 소리가 들렸다는 고사(故事)에서 유래하였는데, 신하와 백성들이 임금을 찬양하여 만세를 부르며 즐거워하는 것을 가리킨다.
* 朝端(조단) : 조정에 늘어선 신하 중 맨 앞에 있는 제일 높은 자리.

퇴조(退朝)한 후에 혼자 읊다

문서 더미 곁에서 종일토록 일을 재촉했나니

평생토록 뛰어난 재주 없었던 게 부끄럽구나.

한 조각 붉은 마음은 언제나 만세 소리 높이 외치고

절하고 들어가 앞자리에서 옥 술잔 올리고 싶다는 것.

쌓인 문서를 처리하는 게 더뎌 부족한 재주가 부끄럽다고 한 것은 당연히 죽간 선생의 겸사이다. 그러나 죽간 선생의 입장에서 보자면 능력은 부족하지만 한 조각 붉은 마음이야 말로 누구에게도 뒤지고 싶지 않다는 것이 제3구의 뜻이다. 그러므로 제4구의 '조단(朝端)'이라는 말 때문에 죽간 선생에게 벼슬에 대한 야욕이 있었다고 여긴다면 그것은 큰 오산이다.

永晝自遣
영주자견

悠悠宦跡滯要津
유유환적체요진

軍國安危繫此身
군국안위계차신

未報涓埃生白髮
미보연애생백발

無言半晌似含醇
무언반상사함순

* 要津(요진) : 요직(要職).
* 涓埃(연애) : 물방울과 티끌. 보통 매우 작은 것을 비유하는 말로 쓰인다.
* 半晌(반상) : 한나절.

긴 낮에 스스로를 달래며

한가한 벼슬살이가 요직에 머물러 있어
군대와 나라 안위가 이 몸에 달려 있네.
작은 정성도 보답 못한 채 백발이 생겨
말없이 한나절 보내자니 진한 술 마신 듯…

제1구의 '유유(悠悠)'에는 길고도 길다는 뜻도 있으나 한가하고 여유가 있다는 의미로 파악하는 것이 타당하다. 죽간 선생이 벼슬에 몸담은 세월이 그리 길다고는 할 수 없기 때문이다. 방위를 책임지는 자가 나라를 위해 보답한 일이 없다는 것은 나라에 변란이 없었다는 뜻이니 자책할 일이 결코 아니다. 그럼에도 죽간 선생은 공을 이룬 건 없이 백발만 성하게 된 것을 안타까워하였다. 술에 취한 듯 멍하니 한나절을 보내게 된 것은 바로 이 때문이다.

兵衙講武
병 아 강 무

曾年自擬隱山林
증 년 자 의 은 산 림

感遇明時會意深
감 우 명 시 회 의 심

世平亦無忘我政
세 평 역 무 망 아 정

桑土如今迨未陰
상 두 여 금 태 미 음

---

* 兵衙(병아) : 병무(兵務)를 담당하는 관아, 곧 병부(兵部).
* 感遇(감우) : 보통 대우해 주는 것에 감격한다는 뜻으로 쓰이지만, 뒤에 나온 '명시(明時)'를 고려하여 감격스럽게 만나다는 뜻으로 풀었다.
* 會意(회의) : 뜻에 맞다. 마음에 들다.
* 我政(아정) : 내가 돌보아야 할 정사(政事). 곧 내가 해야 할 일.
* 桑土(상두) : 상두는 뽕나무 뿌리[桑根]를 말한다. 새가 폭풍우가 오기 전에 뽕나무 뿌리를 벗겨서 보금자리를 잘 꾸려 놓고 비바람을 막는 것처럼, 사람이 재앙을 당하기 전에 미리 대비하는 것을 비유적으로 일컫는 말이다.

병부(兵部)에서 무예를 얘기하다

일찍이 스스로가 산림에 은거하기 바랐건만
밝은 세상 느껍게 만나니 몹시도 뜻에 맞네.
태평성대라도 내 할 일 잊어선 안 되나니
비바람 치기 전에 미리 방비해야 하리라.

환란이 닥쳐왔을 때 이를 수습하려고 노력하는 것은 이미 너무 늦은 일인지도 모른다. 새들이 본격적으로 비가 오기 전에 방비를 하듯, 어려운 일이 닥치기 전에 미리 대비해야 된다고 한 죽간 선생의 가르침은 1천 년이라는 세월의 간극을 뛰어 넘어 지금에도 여전히 유효하다. 이 나라의 공직자들이 귀 기울여 들어야 할 가르침이 아니겠는가!

逢上國星軺故人
봉 상 국 성 초 고 인

春花秋月幾相思
춘 화 추 월 기 상 사

此地逢迎本不期
차 지 봉 영 본 불 기

爲問皇朝聖天子
위 문 황 조 성 천 자

平安依舊袞裳垂
평 안 의 구 곤 상 수

---

* 上國(상국) : 송(宋)나라를 가리킨다. 옛날에 제후(諸侯)가 천자(天子)의 나라를 높여 일컬은 데서 비롯되었는데, 일본은 우리를 상국이라 하였고, 우리는 중국을 상국이라 하였다.
* 星軺(성초) : 사신(使臣)이 타는 수레를 가리키는데, 보통 사신과 같은 말로 쓴다.
* 逢迎(봉영) : 보통은 남의 뜻에 맞추어 준다는 의미로 쓰이나 여기서는 봉영(奉迎)의 의미로 쓰였다. '봉영(奉迎)'은 받들어 맞이한다는 말로, 귀인(貴人)이나 덕망(德望)이 높은 이를 맞이하는 것을 가리킨다.
* 袞裳(곤상) : 곤룡포(袞龍袍).

친구인 상국의 사신을 만나다

봄꽃과 가을 달 보며 얼마나 그리워했던가!

여기에서 마중할 줄은 본래 기약도 없었는데

물어보세, 황제의 조정 성스러운 천자께서는

곤룡포 드리우고 여전히 평안히 계시온지?

죽간 선생은 고려의 신하로, 친구는 상국의 사신으로 고려의 조정에서 만났을 때 지어진 시이다. 이 얼마나 기막힌 해후(邂逅)인가! 오랜 세월을 두고 그리워했지만 이 땅에서 선생 자신이 친구를 사신으로 영접할 일이 있으리라고는 생각하지도 못했으리라. 이때 사신으로 온 친구가 누군지 확인할 수 없다는 게 안타깝기만 하다.

送上國故人
송 상 국 고 인

春風分手杏花橋
춘 풍 분 수 행 화 교

驛路蒼茫萬里遙
역 로 창 망 만 리 요

故舊諸公如問我
고 구 제 공 여 문 아

爲言來在海東朝
위 언 래 재 해 동 조

* 分手(분수) : 헤어지다, 이별하다.
* 驛路(역로) : 역참(驛站)으로 통(通)하는 길.
* 故舊諸公(고구제공) : 옛 친구인 여러 공(公)들. 공은 동년배 이상을 높여 부르는 말이다.
* 海東朝(해동조) : 해동의 조정. 곧 고려(高麗)의 조정을 가리킨다.

상국의 친구를 전송하며

봄바람에 살구꽃 핀 다리에서 헤어지려니
역로(驛路)는 아득하여 머나먼 만 리 길.
옛 친구들이 만일 내 소식 묻거든
해동의 조정에 와 있더라고 말해 주시게.

중국에서 사신으로 온 친구를 전송하며 쓴 시이다. 봄바람에 살구꽃이 핀 아름다운 계절이지만 죽간 선생은 친구더러 며칠 더 머물라고 만류조차 할 수가 없다. 그것은 그 친구가 공무(公務)로 온 탓도 있지만 가야할 길이 만 리나 되는 머나먼 길이기 때문이다. 다른 친구들은 또 어찌 그립지 않았을까? 그리하여 제3구와 제4구에서 자신의 안부를 전해달라고 부탁하였던 것이다.

肇夏避暑
조하피서

將相樓臺暑雨晴
장상누대서우청

逍遙裘帶好招迎
소요구대호초영

炎天祗恐淸風少
염천지공청풍소

分付靑童捲水晶
분부청동권수정

* 肇夏(조하) : 초여름.
* 將相(장상) : 장군과 재상. 고관대작을 가리킨다.
* 裘帶(구대) : 경구완대(輕裘緩帶). 가벼운 가죽옷과 느슨하게 풀어놓은 허리띠라는 말로, 정식 군복을 입지 아니한 가벼운 차림이라는 뜻이다.
* 靑童(청동) : 청의동자(靑衣童子)의 준말. 청의동자는 신선의 시중을 든다는 푸른 옷을 입은 사내아이를 가리킨다. 심부름하는 아이라는 뜻으로 보면 된다.

초여름의 피서

장상이 즐겨 찾는 누대에 여름 비 개였으니

가벼운 차림으로 거닐며 친구 부르기 좋네.

염천에는 맑은 바람 적을까 그저 걱정이라

심부름하는 아이에게 수정 발 걷게 하였네.

비가 그쳐 상쾌해진 날씨라 가벼운 옷차림으로 산보하기가 좋았을 것이다. 더운 여름철에는 맑은 바람이 그저 최고라 심부름하는 아이에게 누각에 거추장스럽게 드리워진 발마저 걷게 하였다. 맑은 바람을 쐬며 앉은 그 자리에 어이 한 잔 술이 없었으랴!

夏日苦炎寫懷
하 일 고 염 사 회

碧窗開盡對山嵐
벽 창 개 진 대 산 람

大地薰風起自南
대 지 훈 풍 기 자 남

安得清陰分四海
안 득 청 음 분 사 해

一天炎熱庶同堪
일 천 염 열 서 동 감

---

* 山嵐(산람) : 산에 어린 푸른 기운을 가리키는데, 이를 옛날 사람들은 산 이내라고 하였다. 간혹 산에 어린 안개라는 뜻으로 쓰이기도 한다.
* 薰風(훈풍) : 초여름에 부는 훈훈한 바람. 여기서는 더운 바람이라는 의미로 쓰였다.

여름날에 더위로 고생하며 심회를 적다

푸른 창 다 열고 산기운 대했더니
대지의 훈풍이 남쪽에서 불어온다.
어떻게 맑은 그늘 얻어 천하에 나눠주고
온 하늘 더운 열기 함께 견딜 수 있을까?

더운 여름날에 창이란 창은 다 열어놓고 산기운을 보고 있자니 대지의 더운 바람이 남쪽에서 불어온다. 제4구의 '일천염열(一天炎熱)'은 해가 이글거리고 있어 하늘에 가득한 더운 열기를 말한 것이다. 그제쯤 생각한 것이 바로 '맑은 그늘'인데, 그것은 당연히 시원한 그늘을 의미한다. 어떻게 하면 그 시원한 그늘을 얻어다 천하 백성들에게 골고루 나누어주어 이 더위를 함께 견뎌낼 수 있을까 하는 것이 죽간 선생의 속내이다. 이 어찌 애민정신의 극치가 아니겠는가! 제3구와 제4구는 당(唐)의 대시인 두보(杜甫)가 <모옥위추풍소파가(茅屋爲秋風所破歌)>에서, "어떻게 하면 천 간 만 간 되는 넓은 집을 얻어, 천하의 가난한 선비들 모두 다 가려주어 기쁜 얼굴 짓게 할까?〔安得廣廈千萬間 大庇天下寒士俱歡顔〕"라 한 것과 일맥상통한다.

憂日旱
우 일 한

密雲慳雨凡千峰
밀 운 간 우 범 천 봉

大地蒼生歎失農
대 지 창 생 탄 실 농

吾輩誠難辭重責
오 배 성 난 사 중 책

願修仁政致熙雍
원 수 인 정 치 희 옹

---

* 熙雍(희옹) : 태평한 정치. 태평시대.

날이 가문 것을 근심하며

봉우리마다 짙은 구름 비 뿌리기 아까운가!
이 땅의 백성들은 실농할까 탄식하는데
우리들 벼슬아치야 중책 사양하기 어려우니
원컨대 어진 정치 펼쳐 태평시대 이루기를!

이 시는 백성들이 가뭄 때문에 탄식하고 있으니 관리들이 인정(仁政)을 펼쳐 태평한 시대를 오게 해야만 엄중한 문책을 면할 수 있으리라는 취지로 관리들에게 경계의 말을 들려준 것이다. 백성을 하늘로 여기는 죽간 선생의 절절한 마음이 여지없이 묻어난다.

喜旱餘雨
희 한 여 우

旱後甘霖下太空
한 후 감 림 하 태 공

民情歡似水流東
민 정 환 사 수 류 동

明君親禱深宮夜
명 군 친 도 심 궁 야

方覺龍師感睿衷
방 각 용 사 감 예 충

---

* 龍師(용사) : 용의 별칭이다. 옛날 사람들은 용이 구름을 몰고 다니면서 비를 내리게 한다고 믿었다.
* 睿衷(예충) : 깊고도 정성스러운 마음.

가뭄 끝에 내리는 비를 기뻐하며

가뭄 뒤에 단비가 하늘로부터 내렸으니
백성들 기쁨이야 동쪽으로 흐르는 물과 같은 것.
밝은 임금이 깊은 궁궐에서 몸소 치성 드린 밤에
용이 정성스런 맘에 감동한 것임을 비로소 알았네.

영명하신 임금이 구중심처에서 친히 기도를 하였음에 용이 그 마음에 감동하여 마침내 비를 내리게 되었다는 것이다. 단비가 내려 백성들이 기뻐하게 된 공을 임금의 정성에서 찾은 것은 아부가 아니라 충성심(忠誠心)의 한 표현이다.

秋凉憂龍樓不勝寒
추 량 우 용 루 불 승 한

晩衙紅樹葉紛紛
만 아 홍 수 엽 분 분

何處秋風送鴈羣
하 처 추 풍 송 안 군

問寢玉樓寒曉色
문 침 옥 루 한 효 색

敬將心線補龍裙
경 장 심 선 보 룡 군

---

* 龍樓(용루) : 본래는 한(漢)나라 태자궁(太子宮)의 문(門) 이름인데, 용루봉궐(龍樓鳳闕)의 예처럼 제왕(帝王)의 궁전(宮殿)에 대한 칭호로 많이 쓰인다.
* 問寢(문침) : 문안시침(問安視寢)의 준말로 임금이 자는 곳에 직접 가서 올리는 문안 인사를 가리킨다.
* 玉樓(옥루) : 백옥루(白玉樓)의 준말로 옥으로 꾸며 화려(華麗)한 누각(樓閣)이라는 말이다. 여기서는 임금이 취침하는 곳을 가리키는 말로 쓰였다.
* 龍裙(용군) : 임금의 옷이라는 뜻으로 쓰였다.

가을이 서늘하여 궁궐에서 추위를 이기지 못하실까 걱정하며

저물녘 관아에 붉은 나뭇잎 어지러운데

어디 가을 바람이 기러기 떼 보내왔을까?

옥루에서 문안드릴 때 새벽빛 차가우면

공경스레 마음의 실로 임금님 옷 기우리.

제목에서 걱정하는 주체는 당연히 죽간 선생이지만 "추위를 이기지 못할" 주체는 죽간 선생이 아니라 임금이다. 정확하게 이 시의 제목을 풀자면 "가을이 서늘하여 임금님께서 궁궐에서 추위를 이기지 못하실까 걱정하며"가 될 것이다. 그리하여 제4구에서 "마음의 실로 임금님 옷 기우리."라고 한 것이다. 이 얼마나 감각적이며 감동적인 심사의 표현인가! '심선(心線)', 마음의 실이라는 이 시어 하나에 죽간 선생의 마음이 다 실려 있다고 해도 결코 과장이 아니다.

晩秋有感
만 추 유 감

近來羈抱自難寬
근 래 기 포 자 난 관

俛首紅塵不足懽
면 수 홍 진 부 족 환

遙想蒼州龍浦屋
요 상 창 주 룡 포 옥

西風黃菊好誰看
서 풍 황 국 호 수 간

---

* 蒼州(창주) : 강호(江湖)와 같은 말로 대개 은사(隱士)가 사는 곳을 가리키는데, 여기서는 죽간 선생의 집이 있었던 고을을 가리키는 말로 쓰였다.
* 龍浦(용포) : 죽간 선생의 처소에서 멀지 않은 곳에 있었던 포구(浦口) 이름이다.

늦가을에 감회가 있어

요즘에 나그네 회포 스스로 달래기 어려운데
머리 숙여보니 홍진세상엔 즐거워할 게 없네.
창주 땅 용포의 옛집 아득히 생각하나니
서풍에 핀 노란 국화 그 누가 즐겨 볼까?

벼슬을 살고 있는 도성에서 기뻐할 만한 것이 없으니 나그네 회포는 달래기 어려울 수밖에 없다. 죽간 선생이 얘기한 '나그네 회포'는 중국에서 동래(東來)한 이역의 나그네로서 느끼는 회포가 아니라 보금자리를 지방에 두고 도성에서 벼슬하는 나그네로서 느끼는 회포이다. "창주 땅 용포의 옛집"은 바로 가족이 있는 곳이다. 제4구의 국화는 죽간 선생의 사직(辭職)을 강력하게 암시한 말인데, 이는 벼슬을 버리고 전원에서 은거하며 여생을 보냈던 동진(東晋)의 도연명(陶淵明)이 이 국화를 예찬한 이후로 국화가 은자의 꽃으로 여겨져 왔기 때문이다.

辭官歸田園獨賦
사관귀전원독부

富貴夢醒桃李門
부귀몽성도리문

歸來賦詠桂松園
귀래부영계송원

山林兼得江湖勝
산림겸득강호승

以樂餘年不可諼
이락여년불가훤

---

* 桃李門(도리문) : 복사꽃, 오얏꽃은 현사(賢士)들을 비유한 말이다. 당나라 때 적인걸(狄仁傑)이 일찍이 수십 명의 인재를 천거하여 모두 명신(名臣)이 되자 혹자가 적인걸에게 말하기를, "천하의 복사꽃과 오얏꽃이 모두 공의 문에 있습니다.〔天下桃李 悉在公門矣〕"라 했던 데서 유래한 말이다.

관직에서 물러나 전원으로 돌아와 홀로 시를 짓다

복사꽃 오얏꽃 문께에서 부귀의 꿈 깨어나

돌아와 계수나무 소나무 동산 읊어보노라.

산림에서 강호의 빼어난 경치 겸해 얻었으니

이것으로 여생 즐길 기약 어기지 않으리라.

조정에 뛰어난 현사(賢士)들이 많아 부귀에로의 꿈을 접고 전원으로 돌아왔다는 것은 기본적으로 죽간 선생의 겸사이지만, 죽간 선생의 사직(辭職)이 조정 신하들과 모종의 관계가 있었을 것임을 강력하게 암시하는 대목이기도 하다. 지금에 그 연유를 확인할 수는 없다 하여도 자신을 많이 힘들게 하였을 사람들조차 현사로 여기는 죽간 선생의 품새가 넉넉하기만 하다.

風月夜與客遣興
풍월야여객견흥

教兒床積書千卷
교아상적서천권

報客庭馴鶴一雙
보객정순학일쌍

前遊如夢付流水
전유여몽부유수

閒談風月對山窗
한담풍월대산창

바람 부는 달밤에 손과 함께 흥을 돋우어 울적함을 풀다

아이들 가르치고자 상에 책 천 권 쌓아두고

손님께 보답코자 뜰에 학 한 쌍 길들이는데

꿈과 같은 전날 유력(遊歷)은 유수에 부쳐두고

풍월 한가히 얘기하며 산창(山窓)을 대하였네.

전날 유력(遊歷)은 벼슬살이를 가리키는 말이고, 꿈과 같다는 것은 허망하다는 말이다. 그 허망한 벼슬살이에 대한 기억이나 미련 같은 것은 흐르는 물에 부쳐 흘러 보내버리고 청풍(淸風)과 명월(明月)을 얘기하며 청산(靑山)을 대하였으니 죽간 선생의 울적함이 얼마간 풀어졌을 법하다. 제2구는 키우는 닭을 시적으로 재미있게 표현한 것이다.

黃菊節登臨
황 국 절 등 림

學遊嘯立學山頂
학 유 소 립 학 산 정

愁遠扶登愁送臺
수 원 부 등 수 송 대

晩節黃花眞可愛
만 절 황 화 진 가 애

衆芳飄盡獨能開
중 방 표 진 독 능 개

* 黃菊節(황국절) : 널리 쓰이는 말은 아니지만 중양절(重陽節)의 이칭이다. 국화가 노랗게 피어나는 명절이라는 의미로 붙여진 말이다. 중양절은 음력 9월 9일이다.

* 晩節(만절) : 늦도록 지키는 절개.

중양절 유람

놀며 배우고자 팔학산 정상에 서서 휘파람 불고

시름 멀리하고자 수송대에 서로 붙들고 올랐네.

늦도록 절개 지키는 국화가 정말 사랑스럽나니

온갖 꽃들 떨어진 후에 홀로 피어나고 있음에…

중양절에 벗들과 더불어 팔학산(八學山)과 수송대(愁送臺)를 올라 본 후에 지은 시이다. 이 무렵에 피는 국화는 바로 중양절의 꽃이다. 온갖 꽃들이 시들어 떨어지고 난 뒤에 찬 서리에도 굴하지 않고 피어나기에 옛사람들은 국화의 절개를 찬양하여 오상고절(傲霜孤節)이라 하였다. 이것이 바로 '만절(晩節)'이다. 죽간 선생이 벼슬에서 물러나 낙향하기는 하였지만 임금을 향한 충심(忠心)은 여전하여 국화를 기린 것이다.

喜豐年上瑞
희 풍 년 상 서

上帝隨時送雨風
상 제 수 시 송 우 풍

禾麻菽麥摠登豐
화 마 숙 맥 총 등 풍

金銀珠玉非眞瑞
금 은 주 옥 비 진 서

好是蒼生煖飽同
호 시 창 생 난 포 동

---

* 上瑞(상서) : 으뜸가는 상서로움이라는 뜻이다.

풍년이라는 으뜸가는 상서로움을 기뻐하며

하느님이 수시로 비바람 보내주어

벼와 삼, 콩, 보리가 모두 풍년 들었네.

금은과 주옥이 진정한 상서로움 아니거니

백성들 모두 따뜻하고 배부른 게 좋은 거지.

벼슬에서 물러났지만 백성을 염려하는 마음은 변함이 없어 풍년을 기뻐하는 이러한 시가 있게 되었다. 오로지 하늘만을 바라보며 농사를 지어야 했던 그 옛날에 풍년은 정말 경사스런 일이 아닐 수 없었다. 그리하여 금은과 보옥보다 백성들이 따뜻하고 배부른 게 더 상서로운 것이라 하였다.

田家詩
전 가 시

春種秋收不暫閒
춘 종 추 수 불 잠 한

從知稼穡本多艱
종 지 가 색 본 다 간

世間飽食虛遊客
세 간 포 식 허 유 객

料得于今摠厚顏
료 득 우 금 총 후 안

* 稼穡(가색) : 곡식 농사.

전가시(田家詩)

봄에 씨뿌리고 가을에 거두느라 잠시도 쉬지 못해
농사짓기 어려움 많다는 걸 이로부터 알았네.
세상에서 배불리 먹고 하릴없이 노는 자들,
오늘날 얼굴 두꺼운 사람들임을 알았네.

농사를 짓는 동안에 농민들은 잠시도 한가할 틈이 없다. 그 간난신고(艱難辛苦)야 이루 말할 수 없는 것인데, 배불리 먹고 하릴없이 노는 자들은 도대체 어떤 사람들일까? 죽간 선생의 눈에 그들은 후안무치(厚顔無恥)한 사람들이었을 뿐이다. 정직하게 땀 흘려 돈을 번 자들이라면 그렇게 흥청망청 쓰지 않을 것이기에…

織婦詞
직 부 사

桑蠶養得載陽春
상 잠 양 득 재 양 춘

却賣新絲善耐貧
각 매 신 사 선 내 빈

堪笑城東羅綺女
감 소 성 동 나 기 녀

不知遊冶賤其身
부 지 유 야 천 기 신

* 遊冶(유야) : 야하게 놀다. 방탕을 일삼다.

베 짜는 아낙의 노래

따뜻한 봄에 뽕 따고 누에 길러 고치 얻어

새 실을 팔아서도 가난 잘 견뎌내야 하는데

가소롭구나! 성 동쪽의 비단옷 입은 여인,

방탕이 그 몸 천하게 하는 것도 모르는 게…

따뜻한 봄이 되어 뽕을 따 누에를 길러, 고치를 얻어다가 새 실을 자아서 내다 팔아도 늘 가난을 감내해야 하는 것이 베 짜는 아낙의 운명이다. 그런데 성 동쪽에 사는 여인은 비단옷을 입고서 방탕을 일삼으면서도 그것이 자신을 천박하게 만드는 것임을 알지 못한다. 이 어찌 가소롭지 않은가!

漁家翁
어 가 옹

欸乃聲中秋水長
애 내 성 중 추 수 장

百年閒趣老漁梁
백 년 한 취 로 어 량

松鱸桃鱖生涯足
송 로 도 궐 생 애 족

還笑塵間俗客忙
환 소 진 간 속 객 망

---

* 欸乃(애내) : 본래는 배의 노를 젓는 데 따라 일어나는 소리를 뜻했으나, 배에서 노 저으면서 내는 소리 내지는 부르는 노래도 가리키게 되었다. 어기야디야. 어기여차.
* 漁梁(어량) : 낚시터. 나루터.
* 松鱸(송로) : 중국 송강(松江)의 농어. 특히 맛이 좋기로 이름이 났다.
* 桃鱖(도궐) : 복사꽃과 비슷한 무늬가 있는 쏘가리라는 뜻으로 쓰였다.

고기잡이 노인

어기여차 소리 속에 가을 물은 길기만 한데
평생토록 한가한 흥취로 나루터서 늙어왔네.
농어와 쏘가리면 생애가 넉넉함에
세상에서 허둥대는 속인을 되려 비웃는다네.

세상에 대한 욕심 없이 살아가고 있는 고기잡이 노인 역시 은자이다. 제2구의 '한취(閒趣)'는 달리 '한가함과 흥겨움'으로도 옮길 수 있는데, 이는 바로 고기잡이 노인의 인생을 개괄한 말이다. 평생을 한가하고 흥겹게 살아온 노인네에게 허둥대는 세상 사람들이 얼마나 가소롭게 보였을까?

書燈
서 등

長夜乾坤一點明
장 야 건 곤 일 점 명

四隣賴有讀書聲
사 린 뢰 유 독 서 성

罷昏不下賢師教
파 혼 불 하 현 사 교

自我童年以托情
자 아 동 년 이 탁 정

독서등(讀書燈)

긴긴 밤 천지(天地)에 한 점 밝은 빛,

이에 힘입어 사방에 글 읽는 소리 있네.

어둠을 깬 공이 현사의 가르침 못지 않아

내 어릴 적부터 여기에 정을 붙여 왔네.

야간에도 독서를 가능하게 하는 독서등(讀書燈)을 기린 시이다. 형설지공(螢雪之功)이라는 말이 독서와 관계가 있다는 것은 널리 알려진 사실이지만, 밤을 낮 삼아 공부하지 않으면 뜻을 이루기가 쉽지 않기는 예나 지금이나 마찬가지였던 듯하다. 죽간 선생이 어려서부터 독서등을 현사(賢師)의 가르침 못지 않게 소중하게 생각했다는 것은 그만큼 독서에 매진했다는 뜻이다.

紙
지

面惟純白體全平
면 유 순 백 체 전 평

其用於儒最緊精
기 용 어 유 최 긴 정

賢聖遺書帝王教
현 성 유 서 제 왕 교

賴傳千古恍然明
뢰 전 천 고 황 연 명

* 帝王教(제왕교) : 제왕의 교서(教書). 제왕의 가르침으로 풀어도 무방하다.

종이

얼굴은 순백이고 몸은 전적으로 평평하나니

그 쓰임이 선비에게는 가장 긴요한 거라네.

성현(聖賢)이 남긴 글도 제왕의 교서(敎書)도

이에 힘입어 전해져 천고토록 빛나게 되었네.

문방사우(文房四友) 가운데 하나인 종이의 덕을 기린 영물시(詠物詩)이다. 모든 영물시가 다 그런 것은 아니지만 성당(盛唐) 이후의 영물시는 읊는 대상을 지칭하는 글자나 그것과 직접적으로 관계되는 어휘도 쓰지 않는 것이 보통이었다. 그리하여 대개의 영물시는 시 전체 내용이 수수께끼의 문제가 되고 제목이 수수께끼의 답이 될 수 있었다. 어린 자녀가 있다면 한번 시험해보시기 바란다.

筆
필

蒙恬初造巧功高
몽 념 초 조 교 공 고

或以鼠鬚或兎毫
혹 이 서 수 혹 토 호

幾見蘭臺修正史
기 견 난 대 수 정 사

貶人長短利於刀
폄 인 장 단 리 어 도

---

* 蒙恬(몽염) : 진(秦)나라 장군으로 진시황(秦始皇)을 도와 흉노(匈奴)를 정벌하고 만리장성(萬里長城)을 축조하는 데 공이 있었다.
* 蘭臺(난대) : 한(漢)나라 때 궁중의 장서를 보관하던 곳인데, 사관(史官)을 가리는 말로도 쓰인다. 여기서는 후자의 뜻으로 쓰였다.

붓

몽염이 처음 만들었을 때 기묘한 공 높았는데

어떤 건 쥐수염으로, 어떤 건 토끼털로 만들었지.

사관이 나라 역사 엮는 걸 몇 번이나 보았던가?

사람의 장단점 평하는 것이 칼보다 날카롭다네.

문방사우(文房四友) 가운데 하나인 붓의 덕을 기린 영물시(詠物詩)이다. 몽염이 붓을 발명한 것으로 전해지지만 기실 예전부터 있던 것을 기능적으로 개량했을 것으로 추정하고 있다. 사관(史官)의 기록은 그대로 역사가 된다. 그러므로 사관의 붓끝에서 이루어지는 포폄(褒貶)은 칼보다 날카로운 것일 수밖에 없다. 서양 속담인 "펜은 칼보다 강하다.[The pen is mightier than the sword.]"는 말과 일맥상통한다.

墨
묵

色象天玄體地方
색 상 천 현 체 지 방

參於四友在文房
참 어 사 우 재 문 방

隨繩能直羣邪枉
수 승 능 직 군 사 왕

可見國家明憲章
가 견 국 가 명 헌 장

* 憲章(헌장) : 어떠한 사실에 대하여 약속을 이행하고자 정한 규범. 국가의 법.

먹

색상은 하늘처럼 검고 몸체는 땅처럼 반듯한데
'사우(四友)'에 끼어 '문방(文房)'에 있게 되었네.
먹줄 따라가면 굽은 것들 바르게 할 수 있어
나라가 헌장(憲章) 밝히는 것도 볼 수 있다네.

문방사우(文房四友) 가운데 하나인 먹의 덕을 기린 영물시(詠物詩)이다. 옛사람들은 하늘은 너무 오묘하여 그 색상이 검고 땅은 그 형상이 네모진 것으로 여겼다. 제1구는 바로 이것을 말한 것이다. 제3, 4구의 의미와 직접적인 연관이 있는 사자성어가 하나 있는데, 그건 바로 규구준승(規矩準繩)이다. 이는 원형(圓形)을 그리는 그림쇠[콤파스]와 방형(方形)을 재는 곱자, 수평(水平)을 재는 기구와 직선(直線)을 그을 때 쓰는 먹줄을 가리키는 말인데, 곧 그러한 연장들이 목수의 일을 순조롭게 해준다는 의미에서 그 사자성어는 '사물의 준칙(準則)'을 뜻하게 되었다. '헌장(憲章)' 역시 이 준칙과 별반 다르지 않은 말이다.

硯
연

聞道湘南紫石多
문 도 상 남 자 석 다

良工如玉琢而磨
양 공 여 옥 탁 이 마

我看其質能堅確
아 간 기 질 능 견 확

體得宜爲立志科
체 득 의 위 입 지 과

---

* 湘南(상남) : 중국의 동정호(洞庭湖)로 흘러 들어가는 상수(湘水)의 남쪽.
* 紫石(자석) : 자줏빛 돌. 자석영(磁石英). 벼루의 재료가 되는 돌이라 하여 벼루를 달리 이르는 말로도 쓰인다.
* 立志科(입지과) : 입지(立志)의 법식(法式).

벼루

듣자니 상수 남쪽에 자줏빛 돌이 많아

훌륭한 장인이 옥처럼 쪼고 갈았다네.

내 보기에 그 석질이 더없이 굳건하니

체득하여 입지의 법식으로 삼아보리라.

문방사우(文房四友) 가운데 하나인 벼루의 덕을 기린 영물시(詠物詩)이다. 벼루의 견고한 재질에서 입지(立志)의 법식, 곧 원칙을 찾은 죽간 선생의 혜안이 놀랍기만 하다. 입지는 마땅히 높기도 해야겠지만 무엇보다 견고해야 할 것이다. 아무리 높은 뜻인들 작심삼일이면 무슨 의미가 있겠는가?

讀書
독 서

肅然端坐正其心
숙 연 단 좌 정 기 심

物慾安能自外侵
물 욕 안 능 자 외 침

字義詳通方上口
자 의 상 통 방 상 구

欣然忘食惜分陰
흔 연 망 식 석 분 음

* 上口(상구) : 입에 올리다. 글을 소리 내어 읽는다는 말이다.
* 分陰(분음) : 몹시 짧은 시간(時間). 촌음(寸陰)과 같은 말이다.

책을 읽다가

숙연히 단정하게 앉아 그 마음 바르게 하면
물욕이 어찌 밖에서 침입할 수 있겠는가!
글자 뜻을 자세히 꿰뚫고 막 입에 올렸나니
기분 좋아 식사도 잊고 촌음 아까워한다네.

독서의 즐거움은 아는 자만이 아는 그 무엇이다. 더군다나 읽어서 곧바로 이해할 수 있는 구어(口語: 입말)로 된 책이 아니라 문어(文語: 글말)로 된 책이라면 그 즐거움은 차원이 다를 수밖에 없다. 제3구는 글자의 뜻을 고심해서 꼼꼼히 이해한 뒤에 소리 내어 읽어본다는 말이다. 이때의 기쁨을 표현한 말이 바로 제4구의 '흔연망식(欣然忘食)'이다. 독서의 즐거움을 아는 아이들이 점점 줄어들고 있어 안타깝기만 하다.

聽鵑
청 견

月明花落暮春宵
월 명 화 락 모 춘 소

時有哀鵑過斷橋
시 유 애 견 과 단 교

啼血聲聲懷故國
제 혈 성 성 회 고 국

令人不寐亦能怊
영 인 불 매 역 능 초

* 哀鵑(애견) : 애절한 두견새 울음소리. 전설에 의하면 촉(蜀)나라 망제(望帝) 두우(杜宇)가 그의 신하인 별령(鱉靈)의 아내를 간음한 일로 왕위를 내놓고 도망갔다가 죽어 두견새로 변했는데, 항상 한밤중에 피를 토하면서 '불여귀(不如歸:돌아가는 것만 못하리라.)'라고 하는 듯한 소리로 운다고 하며, 두견새가 토한 피가 묻어 진달래꽃이 붉어지게 되었다고 한다.

두견새 소리를 듣고

달 밝고 꽃 지는 저문 봄날 밤,

이따금 애절한 두견 소리가 끊긴 다리 지난다.

피를 토하는 소리 소리가 고국 그리는 것이라

나로 하여 잠 못 이루어 또 슬프게 하누나.

이 시는 저물어가는 봄날 밤에 두견새 울음소리를 듣고 지은 것이다. 죽간 선생과 망제(望帝)의 넋인 두견새는 생사(生死)가 다르고 일이 다르지만, 둘 다 고국으로 돌아가지 못하고 외롭게 지낸다는 공통점이 있다. 그래서 죽간 선생이 잠들지 못하고 슬퍼하게 되었던 것이다.

聞鶯思故友
문 앵 사 고 우

綠楊三月轉成陰
녹 양 삼 월 전 성 음
出谷幽鶯送好音
출 곡 유 앵 송 호 음
誦罷周人詩伐木
송 파 주 인 시 벌 목
友生無處不關心
우 생 무 처 불 관 심

---

* 伐木(벌목) : ≪시경(詩經) · 소아(小雅)≫의 편명(篇名)으로 친구 사이의 우정을 노래한 시이다. "나무 찍는 소리는 쩡쩡, 새 우는 소리는 꾀꼴꾀꼴. …… 꾀꼴꾀꼴 꾀꼬리 울음이여, 그 벗을 찾는 소리구나. 저 새를 보아도 오히려 벗을 찾아 울거늘, 하물며 사람이 벗을 찾지 않는단 말인가!〔伐木丁丁 鳥鳴嚶嚶……嚶其鳴矣 求其友聲 相彼鳥矣 猶求友聲 矧伊人矣 不求友生〕"

꾀꼬리 소리를 듣고 친구를 생각하며

푸른 버들은 삼월이라 갈수록 그늘 짙어지고
골짝을 나선 꾀꼬리는 어여쁜 노래 보내오네.
주나라 사람의 <벌목>시 다 외웠나니
친구들은 마음 쓰지 않는 곳이 없었지.

버들 그늘이 나날이 짙어가는 춘삼월에 꾀꼬리 울음소리를 듣고 있자니 불현듯 ≪시경(詩經)≫의 <벌목>편이 떠올랐다. 그 시를 다 외우고 났더니 이제 벗들에 대한 그리움이 밀려들었다. 그러나 그 벗들은 돌아갈 수 없는 고국(故國)에 있어 만나고 싶어도 만날 수가 없다. 그리하여 제4구에서처럼 벗들이 자신에게 잘 대해준 것만 떠올리며 그리워할 수밖에 없었던 것이다.

白鷗
백 구

苔宿沙行隔世寰
태 숙 사 행 격 세 환

蘆花秋水不勝閒
로 화 추 수 불 승 한

箇中眞樂誰能識
개 중 진 락 수 능 식

只有漁翁在此間
지 유 어 옹 재 차 간

* 世寰(세환) : 세상(世上). 속세(俗世).

흰 갈매기

이끼에 자고 모래 위 걸으며 속세와 멀어져
갈대꽃과 가을 물에서 더없이 한가하다네.
이 가운데 참된 즐거움 뉘라 알 수 있을까?
고기 잡는 늙은이만 여기에 있을 뿐이라네.

제1구와 제2구의 주체는 '백구(白鷗)'이고 백구는 죽간 선생의 투영체(投影體)이다. 그러므로 속세와 멀어진 것과 한가한 것은 백구이기도 하고 또 죽간 선생 자신이기도 하다. 제3구의 "이 가운데 참된 즐거움"은 속세를 떠나 한가하게 지내는 가운데서 누릴 수 있는 진정한 즐거움을 가리킨다. 그 즐거움을 아는 제4구의 '고기 잡는 늙은이'는 바로 죽간 선생 자신이다.

秋 鴈
추 안

水國清寒白露秋
수 국 청 한 백 로 추

一聲叫徹暮雲愁
일 성 규 철 모 운 수

爾與季鷹同去否
이 여 계 응 동 거 부

晴天明月下吳洲
청 천 명 월 하 오 주

---

* 季鷹(계응) : 진(晉)나라 때 강동(江東)의 오중(吳中) 사람 장한(張翰)의 자이다. 그가 일찍이 낙양(洛陽)에 들어가서 동조연(東曹掾)으로 있다가, 어느 날 갑자기 가을 바람이 일어나는 것을 보고는 자기 고향 오중의 순채국[蓴羹]과 농어회[鱸鱠]가 생각나서 말하기를, "인생은 자기 뜻에 맞게 사는 것이 중요한데, 어찌 수천리 밖에서 벼슬에 얽매여 명작(名爵)을 구할 수 있겠는가!"라 하고는 즉시 벼슬을 버리고 고향으로 돌아갔다고 한다.
* 吳洲(오주) : 계응(季鷹)의 고향인 오중(吳中)의 물가라는 뜻으로 쓰였다.

가을 기러기

물가는 맑고 찬데 흰 이슬 내리는 가을,

한 소리로 울며 저녁 구름 지나는 게 시름겹다.

너희들은 계응(季鷹)과 더불어 함께 돌아가

하늘 개어 달 밝을 때 오중의 물가 내리느냐?

제2구의 주체는 당연히 기러기 떼이다. 제3구와 제4구는 계응이 고향으로 돌아갔듯 너희들도 고향으로 돌아가는 거냐고 기러기들에게 물어본 것이다. 이역의 나라에서 기러기 울음소리를 듣는 것조차 죽간 선생에게는 고통이었으리라.

秋江歸帆
추 강 귀 범

萬頃蒼波遠接天
만 경 창 파 원 접 천

扁舟一葉去茫然
편 주 일 엽 거 망 연

吾心無物虛如彼
오 심 무 물 허 여 피

滿載秋江皓月圓
만 재 추 강 호 월 원

가을 강에 뜬 돌아가는 배

만이랑 물결은 멀리 하늘과 닿았는데

조각배 한 잎 아득히 떠서 간다.

내 맘에 물욕 없어 저처럼 비었음에

가을 강에 환한 달빛 가득 실었노라.

이 시를 보노라면 조선시대 월산 대군(月山大君)의 다음과 같은 시조가 생각난다. "추강(秋江)에 밤이 드니 물결이 차노매라. 낚시 드리치니 고기 아니 무노매라. 무심한 달빛만 싣고 빈 배 저어 오노매라." 달빛을 배에 싣는다는 표현이 특정 개인의 전유물이 될 수는 없겠지만, 몇 백 년이라는 시간의 간극을 두고 반복되고 있는 것을 통해 시인의 풍류는 세월도 뛰어넘는 것임을 확인할 수 있다. 죽간 선생이 제3구에서 저처럼 비었다고 한 것은 제4구에서 말한 달빛처럼 비었다는 뜻이다.

秋蟬
추 선

黃槐斜日碧梧風
황 괴 사 일 벽 오 풍

聲韻淸凉破我聾
성 운 청 량 파 아 농

出自塵埃終蛻殼
출 자 진 애 종 태 각

人之變質庶幾同
인 지 변 질 서 기 동

---

* 黃槐(황괴) : 노랗게 꽃이 핀 느티나무. 당(唐)나라 때에는 음력 7월에 과거 시험이 있었는데, 이때 느티나무 꽃이 노랗게 피기에 속어에 "괴화가 누렇게 피면 과거 보는 선비들이 바쁘다.[槐花黃 擧子忙]"고 하였다.
* 蛻殼(태각) : 허물을 벗다.

가을 매미

노란 느티나무에 해 비끼고, 벽오동에 바람 이는데
맑고 시원한 소리가 내 어둔 귀를 때린다.
흙 속에서 나왔어도 마침내 허물 벗었나니
사람의 바탕 변화도 이와 같아야 하리라.

맑고 시원하게 들리는 매미 소리를 듣고 지은 시이다. 땅속에서 오랜 세월을 보내고 마침내 허물을 벗은 매미가 저토록 청아한 소리를 들려주듯 사람 또한 응당 그러해야 하리라는 게 죽간 선생의 바램이지만, 사람의 본바탕을 바꾸는 것이 정말 어렵고도 어려운 일임을 절감할 수밖에 없는 세상에서 우리는 살고 있다. 심지어 매미 소리조차 청아함은 고사하고 소음으로 두통을 불러오는 시대가 되었으니 말해 무엇하랴!

螢火
형 화

有火無烟點點飛
유 화 무 연 점 점 비

隨風明滅過山扉
수 풍 명 멸 과 산 비

流時但近詩人屋
류 시 단 근 시 인 옥

應欲看書拾汝歸
응 욕 간 서 습 여 귀

---

* 螢火(형화) : 반딧불. 진(晉)나라의 차윤(車胤)이 기름을 구할 수가 없어 여름이면 수십 마리의 반딧불을 주머니에 담아 그 빛으로 밤을 새우며 책을 읽어 마침내 이부상서(吏部尙書)가 되었다고 한다. 또 손강(孫康)이란 사람은 집이 가난하여 기름을 살 돈이 없자 늘 눈빛에 책을 비추어 글을 읽어 나중에 어사대부(御史大夫)가 되었다고 한다. 이 두 고사에서 비롯되어 어려운 처지에서 공부하는 것을 '형설지공(螢雪之功)' 또는 '형설(螢雪)'이라고 한다. 또 공부하는 서재를 가리켜 형창설안(螢窓雪案)이라고 하는 말도 여기에 근거를 두고 있다.

반딧불

불은 있어도 연기는 없이 점점이 날아
바람 따라 깜박이며 산울타리 지나간다.
흘러갈 때 시인의 집 가까이로 온다면
응당 책 보고자 너희들 잡아 돌아가리.

불은 있어도 연기는 없다고 한 반딧불에 대한 묘사가 재미있다. 점을 찍은 듯이 여기저기 흩어져 날아다니는 반딧불은 바람에 따라 보였다 안 보였다 하기도 하는데, 대개 무리를 지어 흐르듯이 다니기에 제3구에서처럼 '흘러갈 때'라는 말이 있게 되었다. '시인의 집'은 당연히 죽간 선생의 처소를 가리킨다. 내 집 가까이로 다가온다면 내 너희들을 잡아 그 옛날 차윤(車胤)처럼 등불로 삼아보련다는 것이 제3구와 제4구의 뜻이다.

第四. 七言律詩

秋日遣憫
추 일 견 민

秋來萬像入踈眉
추 래 만 상 입 소 미

怊悵羈翁有所思
초 창 기 옹 유 소 사

廣漠乾坤爲逆旅
광 막 건 곤 위 역 려

蒼茫家國望支離
창 망 가 국 망 지 리

蘆花遠嶼羣鴻返
노 화 원 서 군 홍 반

草樹斜陽杜宇悲
초 수 사 양 두 우 비

有喜天顔瞻不得
유 희 천 안 첨 부 득

昔年何日拜彤墀
석 년 하 일 배 동 지

---

* 遣憫(견민) : 답답한 마음을 풀다.
* 逆旅(역려) : 나그네를 맞이한다는 말로 여관, 객사(客舍)를 가리킨다.
* 杜宇(두우) : 두우는 촉(蜀)나라 망제(望帝)의 이름인데, 죽어서 원혼이 두견새가 되었다는 전설이 있다. 새 울음소리가 처절하여 객수를 자아낸다고 한다. 두견새는 달리 자규(子規) 또는 촉혼(蜀魂)이라고도 한다.
* 彤墀(동지) : 궁정(宮庭), 혹은 궁궐을 가리킨다. 천자가 거하는 곳의 섬돌을 붉은 칠로 꾸몄기 때문에 생긴 말이다.

가을날에 답답한 마음 풀고자

가을이 되자 만상이 성긴 눈썹께로 들어와
근심스런 노인 나그네 그리워지는 게 있네.
가없이 넓은 천하가 나그네 여관 되었는데
아득한 조국은 바라보아도 멀기만 하여라.
갈대꽃 핀 먼 섬으로 기러기 떼 돌아오고
풀과 나무에 해 비끼자 두견 울음 슬프네.
기쁨 넘치던 천자의 얼굴 쳐다볼 수 없나니
예전 어느 날에 궁정(宮廷)에서 절 드렸던가!

노인 나그네인 죽간 선생이 아무리 조국을 그리워한들 이미 돌아갈 수 없는 곳이 되고 말았음에, 자상하게 대해주던 천자의 얼굴을 뵈올 길도 없다. 그러니 가없이 넓은 천하조차 선생에겐 그저 여관과 같을 뿐이었으리라. 가을철 만상이 그리움을 불러일으키는 계기를 마련한 것이라면, 기러기 떼와 두견새 울음소리는 그 그리움을 증폭시키는 앰프가 되었을 것임은 의심의 여지가 없다.

同林學士登江亭
동 임 학 사 등 강 정

前宵凉雨入秋分
전 소 량 우 입 추 분

南北江聲落日聞
남 북 강 성 낙 일 문

鴻鴈汀洲留冷趣
홍 안 정 주 류 냉 취

菊花籬圃動幽芬
국 화 리 포 동 유 분

西風滿地同爲客
서 풍 만 지 동 위 객

北極擎天遠拜君
북 극 경 천 원 배 군

草爛木零遲暮恨
초 란 목 령 지 모 한

此心回憶古靈均
차 심 회 억 고 영 균

---

* 遠拜君(원배군) : 멀리 임금에게 절하다. 이를 편의상 임금에게 요배(遙拜)한다는 뜻으로 풀었다.

* 遲暮(지모) : 늙어감. 굴원(屈原)의 <이소(離騷)>에서, "아! 초목이 시들고 낙엽 지니, 고운 님 늙으실까 걱정이로다!〔惟草木之零落兮 恐美人之遲暮〕"라 하였다.

* 靈均(영균) : 영균은 굴원의 자이다. 그는 초(楚)나라의 대부(大夫)로 충간(忠諫)이 용납되지 않고 쫓겨나게 된 후로 울분에 넘치는 서정적인 시를 많이 지었다. 그 가운데 대표적인 작품이 바로 <이소(離騷)>이다.

임 학사와 함께 강가 정자에 올라

어젯밤에 찬비 뿌리고 추분에 든 절후(節候),
남쪽 북쪽 강물 소리가 해질 녘에 들려온다.
기러기 내린 물가에는 서늘한 운치 남아 있고
국화 핀 울과 텃밭에 그윽한 향기 피어난다.
가을 바람 땅에 가득한 때 함께 나그네 되어
북극성 하늘에 높은 때 천자에게 요배했노라.
풀 시들고 낙엽 지니 님 늙으실까 한스러워
이 마음으로 옛날 굴원을 떠올려보노라.

제1구부터 제4구까지는 절후상으로는 추분(秋分), 시간적으로는 해질 무렵에 대하게 된 경물을 담담하게 서술한 것이다. 제5구는 그 아래의 시구를 이끄는 중요한 전환점이 된다. 곧 제5구가 있어야 그 다음의 시의(詩意) 전개가 가능하다는 얘기이다. 나그네이므로 천자에게 멀리서 절을 드릴 수밖에 없다. 풀 시들고 낙엽 지는 늦가을이니 흐르는 세월이 눈에 보일 듯 절절하게 느껴진다. 지존(至尊)이라 하여 세월이 비켜가지는 않을 터이니 님이 늙으실까 걱정스럽다. 그리하여 이러한 마음으로 굴원의 시구를 떠올리며 그와 동질감(同質感)을 느끼게 되었다. 경우는 다르다 하여도 지존을 뵈올 수 없기는 마찬가지이므로…

隨同來諸學士登觀魚臺
수동래제학사등관어대

夾津洲渚逈迷茫
협진주저형미망
斗北秋天萬里長
두북추천만리장
風日孤鴻歸極浦
풍일고홍귀극포
水田雙鷺領殘陽
수전쌍로령잔양
蒼苔錦石宜垂釣
창태금석의수조
紫蟹盤塩共對觴
자해반염공대상
落拓踽凉君莫恨
낙탁우량군막한
世間寵辱付亡羊
세간총욕부망양

* 同來諸學士(동래제학사) : 함께 온 여러 학사들. 곧 중국에서 함께 고려로 온 학사들을 가리킨다.
* 觀魚臺(관어대) : 오늘날 영덕군 괴시리에 있는 누대 이름으로 고려 시대에 만들어진 것으로 보인다. ≪신증동국여지승람(新增東國輿地勝覽)≫에서, "동해에 임해 있어 암석 아래로 노니는 물고기 숫자를 셀 수 있을 정도여서 그렇게 이름을 붙인 것이다.〔臨東海 石岩下游魚可數 故以名之〕"라 하였다.
* 夾津(협진) : 나루 이름으로 추정된다.
* 斗北(두북) : 땅 이름으로 추정된다.
* 極浦(극포) : 눈길 끝자락에 있는 포구(浦口)를 가리키나, 포구 이름일 수도 있다.
* 落拓(낙척) : 불우하여 실의에 빠짐. 뜻을 이루지 못하여 실의에 빠짐.
* 踽凉(우량) : 외로워하는 모습.
* 寵辱(총욕) : 영욕(榮辱).

함께 온 여러 학사들을 따라 관어대(觀魚臺)에 오르다

협진(夾津)의 물가는 멀어 아득하기만 한데
두북(斗北)의 가을 하늘이 만 리에 펼쳐졌네.
바람 부는 날, 외기러기는 끝 간 포구로 돌아가고
무논에는 해오라기 한 쌍이 지는 햇살 둘렀구나.
푸른 이끼 고운 바위에서 낚시하기 좋은 때,
붉은 게에 소반 소금으로 함께 술잔 마주했네.
그대들이여 뜻 못 이뤄 쓸쓸하다 한탄하지 말자
세상사 영욕이야 잃어버린 양으로 치부할 일이니…

* 亡羊(망양) : 잃어버린 양, 혹은 길을 잃은 양. 옛적에 장(藏)과 곡(穀)이란 사람이 각각 양을 치다가 잃어버렸는데, 그 까닭을 물으니 장은 독서를 하다가 양을 잃고 곡은 노름을 하다가 양을 잃었다고 하였다. 두 사람이 한 일은 비록 다르다 하여도 양을 잃어버린 것은 마찬가지라는 뜻으로, 보통 한 가지 일에 전념하지 않고 이것저것 하면 실패함을 이르는 말로 쓰이는데, 여기서는 제 갈 길을 제대로 가지 않고 세상일에 미혹되어 헤매는 사람에 대한 비유어로 쓰였다. 장과 곡의 이야기는 ≪장자≫ <병무편(騈拇篇)>에 보인다.

이 시는 중국에서 함께 고려로 온 여러 학사들과 더불어 관어대에 올라 가을날 바닷가 풍경을 감상하고 낚시터에서 술자리를 가지는 광경을 사실적으로 묘사한 시이다. 마지막 연(聯)은 인생에 달관한 자세로 벗들을 다독인 것인데, 가을날 해질 무렵이라는 시간적 배경과 어우러져 비장감을 돋보이게 하고 있다.

泛舟遊海上說往蹟
범 주 유 해 상 설 왕 적

西風吹蕩一孤舟
서 풍 취 탕 일 고 주

滿目深愁正不收
만 목 심 수 정 불 수

河陽家國今何處
하 양 가 국 금 하 처

帆外江山是異州
범 외 강 산 시 이 주

還煩馬革要功在
환 번 마 혁 요 공 재

自慕鴟夷泛海流
자 모 치 이 범 해 류

窮達知應天有定
궁 달 지 응 천 유 정

隨時持分更無求
수 시 지 분 경 무 구

---

* 河陽家國(하양가국) : '강 북쪽에 위치한 고향 마을'을 뜻하는 말로 쓴 듯하다. 중국에서 지명으로서의 하양은 지금의 하남성(河南省) 맹현(孟縣) 동쪽에 있는데, 죽간 선생이 '하양'을 지명으로 사용하였다면 여기가 선생의 고향일 가능성이 크다.
* 異州(이주) : 이역(異域)의 고을, 곧 타국(他國)이라는 의미로 쓰였다.
* 馬革(마혁) : 말가죽이라는 뜻으로, 후한(後漢)의 복파장군(伏波將軍) 마원(馬援)을 대신하는 말로 쓰였다. 일찍이 마원이, "사나이는 변방의 들판에서 쓰러져 죽어 말가죽에 시체가 싸여 돌아와 땅에 묻히는 것이 마땅하다. 어찌 침상 위에 누워 아녀자의 손에 맡겨서야 되겠는가?〔男兒要當死於邊野 以馬革裹屍還葬耳 何能臥牀上在兒女子手中邪〕"라 한 적이 있는데, '마혁(馬革)'은 바로 여기에서 유래하였다.

배를 띄워 바다 위에서 놀며 지난 일을 얘기하다

가을 바람 불어 흔들리는 외로운 배 하나,

눈에 가득한 깊은 시름 거두지 못하여라.

강 북쪽 고향은 지금 어디쯤에 있을까?

돛배 너머 강산은 이역의 땅이로구나.

마원에게 공 세울 뜻 있던 것도 다시 귀찮아짐에

치이가 바다에 떠 흘러간 것 스스로 사모했노라.

궁달에는 응당 하늘이 정한 바 있음을 아나니

때에 따라 분수 지키며 다시 구하지 않으련다.

* 鴟夷(치이) : 춘추시대 월(越)나라의 모신(謀臣)인 범려(范蠡)가 제(齊)나라로 들어가 바꾼 이름이다. 오(吳)나라가 멸망한 뒤에 범려가 서시(西施)를 배에 싣고 오호(五湖)에서 노닐었다는 이야기가 전한다.

이역(異域)인 고려의 바다에 배 띄워두고 유람할 적에 고향을 그리워하는 한편 자기 처신을 돌아보는 내용을 담은 시이다. 제3구는 '하양가국(河陽家國)'의 함의가 다소 불분명하여도 전체적으로 사향심(思鄕心)을 노래한 것이 분명하다. 경련(頸聯: 제5구와 제6구)에서는 마원(馬援)에게 공을 세울 뜻이 있었듯 죽간 선생에게도 그런 뜻이 있었지만, 공을 세운다는 것이 어쩌면 너무도 요원한 일이라 그 생각은 접고 범려(范蠡)처럼 은자로 사는 것을 동경하게 되었다고 하였다. 공명(功名)의 길을 접으면 달(達:顯達)은 없고 궁(窮:貧窮)만 있을 뿐이다. 그것은 이미 하늘이 정한 것이거늘 달리 무엇을 추구한단 말인가! 그러기에 때에 따라 분수를 지키며 살 뿐인 것이다.

관어대(觀魚臺): 일명 상대산(上臺山)이라고 하며, 영덕군 영해면 괴시리에 있는 산이다. 정상의 서편 바위 절벽위에 있는 관어대는 동해안의 명승절경중의 하나로 '물밑에 노는 고기를 헤아릴만하다'고 하여 붙여진 이름이다.

이색의 부 서문에, "관어대는 영해부에 있으며, 동해에 임해 있어 석암 아래로 노니는 물고기의 숫자를 셀 수 있을 정도다. 그러한 까닭에 그것으로 이름하였다.…"

(출처 : 영덕군청)

遊玉泉菴
유 옥 천 암

抛却人間事事翁
포 각 인 간 사 사 옹

繫驢三宿白雲中
계 려 삼 숙 백 운 중

萬里江山滄海郡
만 리 강 산 창 해 군

二更星月水晶宮
이 경 성 월 수 정 궁

古峽荒荒聞杜宇
고 협 황 황 문 두 우

中原漠漠送羣鴻
중 원 막 막 송 군 홍

悠悠意緒收難得
유 유 의 서 수 난 득

北斗迢遙望不窮
북 두 초 요 망 불 궁

---

* 玉泉菴(옥천암) : 경주 지역에 있었던 암자 이름으로 여겨지나 확인되지 않는다.
* 滄海郡(창해군) : 지금의 강원도 지방에 두었던 행정 구역. 중국 한(漢)나라 무제가 기원전 128년에 동예(東濊) 지방을 정복하고 그곳에 두었는데, 동예인들의 반항 때문에 곧 없앴다.
* 二更(이경) : 하룻밤을 오경(五更)으로 나누었을 때의 둘째 부분(部分). 곧 밤 아홉시부터 열한 시까지의 시간.
* 水晶宮(수정궁) : 전설 속에 나오는 궁궐로, 달에 있는 궁궐을 가리키기도 하고, 물속에 있다고 하는 용궁(龍宮)을 가리키기도 한다.
* 迢遙(초요) : 멀고 먼 모양.

옥천암에서 노닐다

인간세상 일이란 일 다 던져버린 노인이
나귀 매어두고 사흘을 흰구름 속에서 잤네.
만 리에 펼쳐진 강산은 창해군(滄海郡)인데
이경의 별과 달은 수정궁 이루었구나.
황량한 옛 골짝에 두견새 소리 들리기에
아득한 중원 쪽으로 기러기 떼 보내노라.
다함없는 심사 수습하기 어려운 때에
북두성은 멀고멀어 아무리 봐도 끝이 없네.

제3구의 창해군(滄海郡)을 실제 지명으로 보지 않고 바닷가 고을로 볼 수도 있으나 제4구의 수정궁(水晶宮)과의 상관성을 고려하여 지명으로 파악하였다. 제5구의 두견새 소리는 객수(客愁)를 야기하는 계기가 된 것이므로 제5구와 제6구는 단순한 병렬이 아니라 인과관계라 할 수 있다. 기러기 떼를 보낸다는 것은 그리움을 보낸다는 뜻이다. 제8구의 북두성은 천자를 상징하는 말인데 멀고도 멀어 아무리 봐도 끝이 없다고 했으니 죽간 선생의 수습되지 않는 심사가 절망적이었음을 알게 해준다.

病起
병기

依山繞澗曲門牆
의산요간곡문장
手植穉桐幾許長
수식치동기허장
明月多時虛度影
명월다시허도영
好花隨處自開芳
호화수처자개방
僻村無藥供茶椀
벽촌무약공다완
遠友有書置紙箱
원우유서치지상
知我隣翁將酒至
지아인옹장주지
强因情勸試含觴
강인정권시함상

* 門牆(문장) : 문과 담장이라는 뜻이지만 시의(詩意)를 고려하여 담장으로 풀었다.
* 供茶椀(공다완) : 차 사발을 제공한다는 말이지만 편의상 차 사발로 대신한다는 말로 풀었다.

병석에서 일어나

산에 기대고 계곡 에두른 굽은 담장께
직접 심은 어린 오동은 얼마나 자랐을까?
명월은 여러 번 공연히 그림자 드리웠을 텐데
아름다운 꽃은 가는 곳마다 저절로 꽃피우네.
벽촌이라 약이 없어 차 사발로 대신하고
먼 데 친구 편지 있어 종이상자에 두었다네.
나를 아는 이웃 노인이 술을 가지고 와
한사코 정으로 권해 시험 삼아 잔 들었네.

제3구와 제6구는 죽간 선생이 제법 여러 달 동안 병석에 누워 있었으리라는 것을 짐작하게 한다. 명월(明月)이 보름달이라는 뉘앙스로 읽히고, 먼 데 친구가 보낸 편지는 위문편지로 여겨지기 때문이다. 벽촌이라 약이 없어 차 사발로 대신했다는 말은 다분히 과장에 가깝지만, 설령 약이 있었다 해도 결코 변변하지는 못했을 것이

기 때문에, 그 뜻은 충분하고 또 시적으로 성공한 표현이라 할 수 있다. 이웃 노인이 술을 가지고 와서 한사코 권하기에 시험 삼아 잔을 들었다는 말은 시적으로 아주 높은 경지를 보여주는데, 이 역시 과장임은 제7구의 '지아(知我)' 두 글자를 통해 확인할 수 있다. 나를 안다는 것은 그냥 인사 정도나 하고 지내는 사이가 아니라 내 마음을 읽을 수 있을 정도일 때나 쓸 법한 말이기 때문이다. 그러니까 병도 거의 다 나아 술 생각이 날 바로 그 무렵에 이웃 노인이 술을 가지고 왔으니 나를 아는 것이 되고, 사실은 죽간 선생이 마시고 싶었는데도 한사코 권하여 시험 삼아 마셨다고 하였으니 이는 과장이자 너스레가 되는 것이다. 어쨌거나 죽간 선생의 병은 다 나았다.

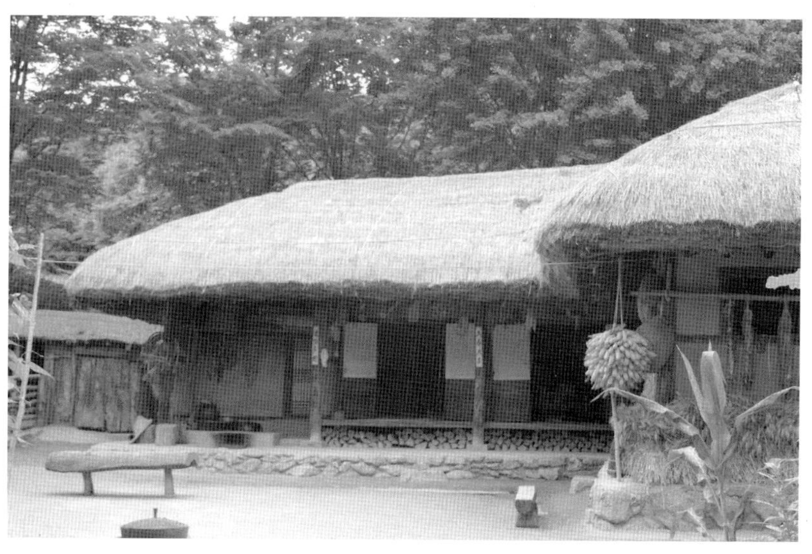

千秋節祝壽
천추절축수

天貽哲命祚吾東
천이철명조오동

一國臣民慶賀同
일국신민경하동

瑞甲重回新蓂曆
서갑중회신협력

休申昭受醉桃宮
휴신소수취도궁

---

* 千秋節(천추절) : 임금의 탄신일. 중국 황제의 탄신일은 만수절(萬壽節)이라고 하였다.
* 哲命(철명) : 밝은 가르침. 밝은 지혜.
* 瑞甲(서갑) : 상서로운 갑자. 타인의 환갑을 고상하게 칭하는 말이다.
* 蓂曆(협력) : 명협(蓂莢) 책력(冊曆). 명협은 서초(瑞草) 이름이다. 요(堯) 임금 때에 명협이란 서초가 뜰에 났는데 매월 초하루부터 15일까지는 매일 한 잎씩 나오고, 16일부터 그믐날까지는 매일 한 잎씩 떨어졌다. 이로 인하여 책력(冊曆)을 만들었다고 한다.
* 休申(휴신) : 아름다운 신뢰. '申'은 '信'의 뜻이다. 신선 세계에서의 신뢰를 가리킨 듯하다.
* 桃宮(도궁) : 벽도(碧桃)가 있는 궁궐, 곧 신선이 산다는 궁궐이다. 벽도는 신선이 먹는 푸른 복숭아로, 일명 천도(天桃)라 한다. 선녀(仙女)인 서왕모(西王母)가 한(漢)나라 무제(武帝)에게 주었다 하며 천 년에 한 번 열매가 익는다고 한다. 장수를 상징한다.

龍樓陪列弁星翠
용 루 배 열 변 성 취
鶴禁趨來胄彩紅
학 금 추 래 주 채 홍
如海聖恩何以答
여 해 성 은 하 이 답
萬年遐祝碧呼嵩
만 년 하 축 벽 호 숭

* 龍樓(용루) : 본래는 한(漢)나라 태자궁(太子宮)의 문(門) 이름인데, 용루봉궐(龍樓鳳闕)의 예처럼 제왕(帝王)의 궁전(宮殿)에 대한 칭호로 많이 쓰인다.
* 弁星(변성) : 고깔별. 신하들이 쓰고 있는 관모(冠帽)를 시적으로 나타낸 말이다.
* 鶴禁(학금) : 태자(太子) 혹은 세자(世子)가 거처하는 궁으로, 학궁(鶴宮)이라 하기도 한다. 어느 사람이라도 드나드는 것이 금지되어 있었으므로 '금(禁)'자를 쓰게 되었다 한다. 여기서는 세자를 대신하는 말로 쓰였다.
* 碧呼嵩(벽호숭) : "호벽숭(呼碧崇)"이라는 말을 변형시킨 표현이다. 한(漢)나라 무제(武帝)가 숭산(崇山)에서 제사를 지낼 때 세 번 만세를 외치는[三呼碧崇] 소리가 들렸다는 고사(故事)에서 유래하였는데, 신하와 백성들이 임금을 찬양하여 만세를 부르며 즐거워하는 모습을 가리킨다.

천추절 축수

하늘이 밝은 지혜 주어 우리 동국 복되게 하니
온 나라 신하와 백성 한결같이 경하드리노라.
상서로운 갑자 거듭 돌아와 책력 새롭게 하시고
아름다운 신뢰 분명히 받아 도궁에서 취하시리.
궁궐에는 모시고 줄지어 선 고깔별이 푸르고
세자 걸어 나오실 땐 투구의 채색 붉으리라.
바다와 같은 성은에 어떻게 보답할까?
영원히 만세 소리 외칠 일 멀리서 축하드리리.

임금의 회갑을 축하하며 쓴 시이다. 옛 사람들은 회갑이 된 자를 신선과 동일시하는 경향이 있었는데, 이 시의 제4구에서도 이를 확인할 수 있다. 제5구는 조정의 신하들이 모여 경하드리는 장면을, 제6구는 왕세자가 경하드리기 위해 나올 때의 장면을 상상하여 말한 것이다. 조정을 떠난 죽간 선생이 임금의 은혜에 보답하는 길은 멀리서 마음으로 축원(祝願)하는 방법밖에는 없었으리라.

東宮冊禮獻賀
동궁책례헌하

燕翼嘉謨萬世垂
연익가모만세수
胄筵寶冊覽休儀
주연보책람휴의
聖功今日開蒙正
성공금일개몽정

---

* 東宮(동궁) : 황태자 또는 왕세자를 일컫는 말.
* 冊禮(책례) : 왕세자 · 왕세손 · 왕세제 및 왕비와 세자빈 등을 책봉(冊封)하는 의식.
* 燕翼(연익) : 조상이 자손을 도와 편안하게 하는 것, 혹은 그 계책. 이는 본래 ≪시경(詩經) · 대아(大雅) · 문왕지십(文王之什)≫에서 무왕(武王)의 덕을 찬양하여, "따라야만 할 계획 전하시어 편히 자손들을 보호하셨으니, 훌륭하도다 무왕이여!〔詒厥孫謀 以燕翼子 武王烝哉〕'라고 한 데서 유래한 말이다. 연익지모(燕翼之謀)라고도 하는데 여기서는 왕세자의 책봉을 가리킨다.
* 胄筵(주연) : 왕세자(王世子)가 공부하는 서연(書筵)의 이칭.
* 寶冊(보책) : 왕세자를 책봉(冊封)하는 내용을 담은 문서를 말한다.
* 休儀(휴의) : 아름다운 의전(儀典). 왕세자의 책봉례를 가리킨 말이다.
* 蒙正(몽정) : 어려서부터 바른 덕성을 기르다. ≪주역(周易) · 몽괘(蒙卦)≫에서, "어릴 때에 바른 덕성을 기르는 것이 성인이 되는 공부이다.〔蒙以養正 聖功也〕"라 하였다.

睿德他時出震治
예덕타시출진치

箋幅爭登千一頌
전폭쟁등천일송

管絃迭奏四重詩
관현질주사중시

羈臣亦忝淸朝列
기신역첨청조열

報答無如祝壽巵
보답무여축수치

---

* 睿德(예덕) : 뛰어난 덕망이라는 말로 보통 왕세자의 덕을 가리킨다.
* 震治(진치) : 진동시키는 정치. ≪주역(周易) · 진괘(震卦)≫에서, "진동하는 소리가 백리 밖까지 놀라게 한다 함은 먼 데 있는 사람이 놀라고 가까운데 있는 사람이 두려워한다는 것이다. 나아가면 종묘사직을 지키어 제주(祭主)가 될 수 있다.〔震驚百里 驚遠而懼邇也 出 可以守宗廟社稷 以爲祭主也〕"라 하였다.
* 箋幅(전폭) : 전지(箋紙). 보통은 문서 작성용 종이를 가리키나 편지지의 뜻으로 보는 것이 무난하다.
* 千一頌(천일송) : 수천의 한결같은 찬송(讚頌).
* 管絃(관현) : 관악기(管樂器)와 현악기(絃樂器). 악기를 통칭하는 말로 쓰였다.
* 四重詩(사중시) : 사중(四重)의 노래. 사중은 일중광(日重光), 월중륜(月重輪), 성중휘(星重輝), 해중윤(海重潤)이라는 4장의 가시(歌詩)를 말하는 것으로, 태자(太子)의 성덕을 기린 내용이다. 한(漢)나라 명제(明帝)가 태자로 있을 적에 악인(樂人)이 이 노래로 태자를 찬양한 데서 비롯되었다.
* 朝列(조열) : 조회에 참여하는 벼슬아치들이 늘어서는 차례.

동궁 책봉례에 경하드리다

세자 책봉하는 아름다운 법 만세에 드리워져
서연의 책봉문서가 아름다운 의전 보이리라.
성인 공부하는 오늘에 바른 도리 기르시니
뛰어난 덕망 펼 훗날에 진동시키는 정치하시리.
한결같은 찬송 편지 수천 통 다투어 올리고
사중의 노래는 악기들이 번갈아 연주하리라.
나그네 신하 또한 맑은 조정 반열 더럽혔으니
보답으로는 축수의 술잔만한 것이 없으리.

이 시는 세자를 책봉하는 나라의 경사를 맞아 죽간 선생이 축하의 뜻을 적은 것이다. 앞의 <천추절축수(千秋節祝壽)> 시와 마찬가지로 나라의 공식적인 일에 즈음하여 쓴 시이기 때문에 분위기가 매우 장중하며 내용에 전고가 많아 이해하기가 쉽지 않다. 우선 시에 사용하는 시어(詩語)부터 매우 격식이 있는 말로 취하기 때문에 서정성(抒情性) 보다는 서사성(敍事性)이 두드러진다고 할 수 있다. 제7구의 나그네 신하는 죽간 선생을 가리킨다. 맑은 조정의 반열을 더럽혔다는 것은 죽간 선생이 벼슬을 한 것이 조정의 반열을 욕되게 한 것이었음을 말한 것이다. 당연히 죽간 선생의 겸사이다.

兵衙試射
병 아 시 사

紅日瞳瞳上岳東
홍 일 동 동 상 악 동

角聲長發鼓三通
각 성 장 발 고 삼 통

賓僚幕裏威儀列
빈 료 막 리 위 의 열

人吏庭前指使同
인 리 정 전 지 사 동

雕弓月滿雉城下
조 궁 월 만 치 성 하

羽箭星奔鵠的中
우 전 성 분 곡 적 중

赳赳健兒誇絶藝
규 규 건 아 과 절 예

一場氣習凜生風
일 장 기 습 름 생 풍

---

* 賓僚(빈료) : 빈객(賓客)과 막료(幕僚).
* 鵠的(곡적) : 과녁의 중심.
* 赳赳(규규) : 굳세고 씩씩한 모양.

병부 관아에서 활쏘기를 시험하다

붉은 해가 번쩍이며 산 동쪽에서 솟자
뿔 호각 길게 울고 북소리 세 번 둥둥.
빈료들은 막부 안에서 위의 가지런히 하고
아전들은 뜰 앞에서 지시와 부림 한결같네.
조각한 활이 성가퀴 아래서 달처럼 부풀자
깃 화살이 과녁 중심으로 별처럼 내달리네.
씩씩한 건아들이 빼어난 무예 자랑하며
한바탕 기개로 늠름하게 바람 일으키네.

해가 뜨자 호각 소리와 북 소리가 활쏘기 시연(試演)을 알린다. 일의 진행을 맡은 아전들은 뜰 앞에서 빈틈없이 바삐 움직이고, 빈료들은 막부 안에서 위의를 갖추어 참관을 준비하고 있다. 경련(頸聯:제5구와 제6구)이 궁사(弓士)들이 성가퀴[성 위에 낮게 쌓은 담] 아래에서 활쏘기를 시연하는 본 장면에 대한 묘사라면, 미련(尾聯:제7구와 제8구)은 시연을 참관한 죽간 선생의 평어(評語)가 된다. 이날 활쏘기 시연이 매우 만족스러웠던 듯하다.

兵衙講武
병 아 강 무

昇平聖世不忘兵
승 평 성 세 불 망 병

選日戎壇令肅明
선 일 융 단 령 숙 명

列列牙旗凝氣色
열 렬 아 기 응 기 색

鳴鳴金鼓振威聲
명 명 금 고 진 위 성

刁戈武庫治軍仗
조 과 무 고 치 군 장

簿籍轅門檢隊行
부 적 원 문 검 대 행

敵國懷文兼畏武
적 국 회 문 겸 외 무

從今南服永澄淸
종 금 남 복 영 징 청

---

* 戎壇(융단) : 군대(軍隊)에서 대장이 위치하는 자리.
* 牙旗(아기) : 대장(大將)이 부하(部下) 장수(將帥)를 지휘(指揮) · 명령(命令)할 때 쓰는 깃발이 달려 있는 군기(軍旗).
* 刁戈(조과) : 조두와 창. 조두는 옛날에 군에서 냄비와 징의 겸용으로 쓰던 기구. 낮에는 취사할 때, 밤에는 진지의 경계를 위하여 두드리는 데 썼다.
* 轅門(원문) : 군영(軍營)이나 영문(營門)을 이르던 말.
* 南服(남복) : 복(服)은 도성 밖 500리 되는 지역인데, 여기서는 왜구(倭寇)의 출몰이 잦은 남쪽 변방을 가리키는 말로 쓰였다.

병부 관아에서 무예를 얘기하다

태평성대에도 군대의 일 잊어서는 안 되기에
날 잡아 융단에서 내리는 명령 엄숙하고 분명하네.
줄지어 선 깃발들엔 기색이 삼엄하고
울리는 징은 위엄 있는 소리 떨치네.
무기고에서 조두와 창 같은 군장 검수하고
군영에서는 장부로 군대 행렬 점검하누나.
적국이 문치 사모하고 또 무위 두려워한다면
이로부터 남쪽 변방은 영원히 맑고 깨끗하리라.

제8구의 내용으로 보아 남쪽 지방에 왜구(倭寇)의 출몰이 무척 잦았고 성가셨을 것임을 알 수 있지만, 제1구의 내용으로 판단하자면 한동안은 잠잠했던 듯하다. 나라 변방에 지금 별 일이 없다고 하여 군대의 일을 잊어서는 안 된다는 것은, 죽간 선생의 지론이자 이 시의 주지(主旨)이다. 제7구의 적국(敵國)은 왜(倭)를 가리키는데, 그들이 고려의 문치(文治) 정책은 높이 평가하면서도 노략질을 일삼고 있으니, 무위(武威)를 확실하게 보여주어 두려워하도록 해야 한다는 것이다.

立春
입 춘

首於卄四最佳辰
수 어 입 사 최 가 신

驗得天時已屬春
험 득 천 시 이 속 춘

萬物欲生風氣煖
만 물 욕 생 풍 기 난

三陽初動化工新
삼 양 초 동 화 공 신

菜傳處處盤行玉
채 전 처 처 반 행 옥

椒頌家家壁掃塵
초 송 가 가 벽 소 진

敬奉一盃祈聖壽
경 봉 일 배 기 성 수

不親羣小進賢臣
불 친 군 소 진 현 신

---

* 卄四(입사) : 이십사절기(二十四節氣)를 가리킨다.
* 三陽(삼양) : 순음(純陰)인 10월을 거쳐 11월에 일양(一陽)이 비로소 생기고 12월에 두 개의 양이 나왔다가 1월에 3개의 양이 되므로 음력 1월을 가리키는 말로 주로 쓴다. 여기서는 세 번째 생긴 양이라는 의미에서 봄철, 봄기운이라는 뜻으로 쓰였다.
* 化工(화공) : 하늘의 조화(造化).
* 椒頌(초송) : 초화송(椒花頌)의 준말로 새해를 축하하여 올리는 노래를 말한다.
* 聖壽(성수) : 임금의 장수(長壽).

입춘

이십사절기 첫머리라 가장 아름다운 날,
하늘의 때가 이미 봄임을 경험으로 알지.
만물 생겨나려 함에 바람과 기운 따뜻하고
봄기운 처음 움직여 하늘의 조화 새롭구나.
햇나물 전하는 곳마다 소반엔 옥빛이 돌고
봄을 찬송하는 집마다 벽에 먼지 쓸어내네.
한 잔 삼가 받들며 임금님 장수 비나니
여러 소인 물리치고 어진 신하 쓰시기를…

이십사절기의 첫머리가 되는 입춘 날에 봄이 돌아온 것을 기뻐하며 임금의 축수를 기원한 시이다. 제3구와 제4구는 하늘의 도(道)가 그렇다는 것이고, 제5구와 제6구는 사람의 정(情)이 그렇다는 것이다. 죽간 선생은 제7구에서 축수를 기원하는 한편, 제8구를 통하여 임금이 부디 사람을 잘 쓰기를 염원하였다. 인사(人事)가 만사(萬事)이기는 예나 지금이나 마찬가지리라.

上元夜玩月
상 원 야 완 월

上元新月十分佳
상 원 신 월 십 분 가
萬國樓臺人影斜
만 국 누 대 인 영 사
綺陌東頭豪客去
기 맥 동 두 호 객 거
畵橋西畔少年過
화 교 서 반 소 년 과
晴天淡似銀河水
청 천 담 사 은 하 수
滿地明生鏡面花
만 지 명 생 경 면 화
仰看斗牛忘就寢
앙 간 두 우 망 취 침
太平氣像自今多
태 평 기 상 자 금 다

* 上元(상원) : 음력 1월 15일인 정월 대보름. 여기에 7월 15일의 중원(中元)과 10월 15일의 하원(下元)을 합하여 삼원(三元)이라고 한다.
* 綺陌(기맥) : 번화한 길이나 풍경이 아름다운 길을 뜻하는 시어이다.
* 斗牛(두우) : 이십팔수(二十八宿) 가운데 두성(斗星)과 우성(牛星). 곧 북두성(北斗星)과 견우성(牽牛星).

정월 대보름 밤에 달을 구경하며

대보름날 새 달이 더없이 아름다워
온 나라 누대에 사람 그림자 비끼네.
번화가 동쪽 머리로 호탕한 이들이 가고
예쁜 다리 서쪽으로 젊은이들 지나가네.
갠 하늘은 담담하기가 은하수 같은데
땅 가득 환한 빛, 거울에 꽃이 핀 듯…
두성과 우성 쳐다보느라 잠도 잊었나니
태평스런 기상이 지금부터 많아지리라.

정월 대보름 밤에 달을 구경하며 지은 이 시는 여섯 구의 경구(景句:경물을 묘사한 시구)와 두 구의 정구(情句:정회를 서술한 시구)로 구성되어 있다. 경구 가운데 제3구 제4구는 나들이 나온 사람들을 사실적으로 묘사한 것이고, 제5구와 제6구는 대보름날 밤의 하늘과 땅을 비유적으로 묘사한 것이다. 제7구가 정구가 되는 이유는 '망취침(忘就寢)'이라는 죽간 선생의 주관이 개입되었기 때문이다. 제8구는 대보름날의 염원을 담은 정구이다.

客中寒食
객중한식

長安寒食又今年
장안한식우금년

萬井千家忽斷烟
만정천가홀단연

燕子遲來春晝寂
연자지래춘주적

杏花初發雨聲連
행화초발우성련

翠店東風人繫馬
취점동풍인계마

青山西日客聞鵑
청산서일객문견

回首綿岑何處是
회수면잠하처시

忠臣不見一悽然
충신불견일처연

* 翠店(취점) : 녹색 칠을 한 집이라는 말로 술집을 가리킨다. 취루(翠樓)와 뜻이 같다.
* 綿岑(면잠) : 면산(綿山)을 가리킨다. 춘추시대(春秋時代) 진문공(晉文公)의 충신이었던 개자추(介子推)는 망명한 문공을 따라가 19년 동안 고락(苦樂)을 함께하였다. 후일 문공이 환국(還國)하여 임금이 되었으나 개자추를 등용하지 않았고 개자추 또한 문공에게 어떤 관직도 요구하지 않았다. 개자추는 그 어머니와 함께 면산(綿山)에 은거하였는데, 그 뒤에 문공이 불러도 나오지 않았다. 문공이 면산에 불을 지르면 어머니를 위해서라도 나올 것으로 여겨 불을 질렀으나 개자추의 모자는 끝내 나오지 않고 불에 타죽었다. 이를 가슴 아파 한 진문공이 이 날이 되면 화식(火食)을 하지 말 것을 명하여 한식(寒食)이라는 명절이 생겨나게 되었다.

객지에서 맞은 한식

올 해도 또 장안에서 한식 맞았나니
마을마다 집집마다 문득 연기 끊어졌네.
제비 더디 돌아와 봄 낮 고요한데
살구꽃 막 핀 때 빗소리 이어지네.
술집에 봄바람 불자 사람들 말을 매고
청산에 서녘 해 지자 길손은 두견을 듣네.
머리 돌리나니 면산은 어디에 있는가?
충신 보이지 않아 마음 그저 처연할 뿐…

오늘날에 조상(祖上)의 묘소를 돌아보는 날 쯤으로 기억되는 한식은 동지(冬至)로부터 105일째가 되는 날로 그 옛날 충신 개자추(介子推)의 충성을 기린 유서 깊은 명절이다. 명절 본래의 뜻은 제7구와 제8구에 잘 나타나 있다. 이 시에서 문제가 되는 것은 제1구의 '장안(長安)'인데 중국의 실제 장안인가 아니면 북송의 수도 개

봉(開封)인가, 고려의 수도 개경(開京)인가가 불분명하기 때문이다. 역자의 소견으로는 제7구에서 '객문견(客聞鵑)'으로 한 것으로 보아 고려의 개경일 가능성이 크다고 보지만 이 역시 단언할 수는 없다. 제비가 도래하는 시기와 살구꽃이 피는 시기 등으로 지역을 추정하는 것 역시 큰 의미는 없다. 옛사람들이 모든 시에서 실경(實景:실제 경치)을 시화(詩化)시키는 것은 아니기 때문이다. 중요한 것은 죽간 선생이 마지막 구에서, "충신 보이지 않아 마음 그저 처연할 뿐…"이라 한 것과 같은 언급이다. 이 한탄은 이 시대에도 과연 개자추와 같은 충신이 있는가고 세상을 향해 반문(反問)한 것이다.

上巳日勝會
상 사 일 승 회

東風輕煖燕來時
동 풍 경 난 연 래 시

修禊紅亭日影遲
수 계 홍 정 일 영 지

興晚不辭良節酒
흥 만 불 사 량 절 주

情深相和故人詩
정 심 상 화 고 인 시

春光冉冉迨今暮
춘 광 염 염 태 금 모

物色林林觸處隨
물 색 림 림 촉 처 수

休說山陰多勝事
휴 설 산 음 다 승 사

吾儕惟有好襟期
오 제 유 유 호 금 기

---

* 上巳日(상사일) : 본래는 음력 3월 첫째 사일(巳日)을 가리켰다. 옛부터 이날에는 수계(修禊:3월 상사일에 물가에서 지내는 제사)하는 풍속이 있었다. 그러나 위(魏) 이후로는 음력 3월 삼짇날만을 이용하였고 다시 사일을 택하지 않았다.
* 勝會(승회) : 본래는 성대(盛大)한 모임을 가리켰으나 즐거운 모임 정도로 푸는 것이 무난하다.
* 修禊(수계) : 3월 상사일(上巳日)에 냇가에 가서 몸을 씻고 물가에서 제를 지내는 것인데, 이렇게 하면 그해의 액운을 면한다고 하였다. 진(晉)나라 때 명필 왕희지(王羲之)가 삼월 삼짇날 당시의 명사(名士) 41명과 회계(會稽) 산음(山陰)에 있는 난정(蘭亭)이란 정자에 모여 수계(修禊)하며 물굽이에 잔을 띄워 술을 마시는 유상곡수(流觴曲水)를 즐기고 <난정기(蘭亭記)>라는 명문(名文)을 남겼다.
* 冉冉(염염) : 느릿느릿한 모양.
* 林林(임림) : 매우 많은 모양.
* 襟期(금기) : 마음에 품은 뜻.

상사일의 즐거운 모임

봄바람 가볍고 따스하여 제비 날아올 때,
수계 마친 붉은 정자에 해 그림자 더디네.
흥취 늦도록 있어 명절 술 사양 않고
정 깊어 친구들 시에 서로 화답하였네.
봄빛은 느릿느릿 요즘 이르러 저물어가고
물색은 많고 많아 닿는 곳마다 따라오네.
산음에 좋은 일 많았다고 말하지 마시라!
우리에게도 맘에 품은 좋은 뜻 있으니…

삼월 삼진날 벗들과 함께 물가에서 수계(修禊)를 올리고 풍류를 즐길 때 지은 시이다. 수계하면 가장 먼저 떠올리게 되는 산음(山陰)의 난정(蘭亭) 얘기를 하지 말라고 한 것은, 우리는 우리대로 즐길 일이 얼마든지 있다고 여긴 때문이다. 흥취가 늦도록 남아 있어 술을 마다하지 않고, 정이 깊어 서로의 시에 화답하는 것만으로도 충분히 즐거웠을 터이지만, 또 다른 모임까지 생각하고 있었으니 죽간 선생은 진정으로 풍류를 즐긴 선비라 하지 않을 수 없다.

賀端陽頒扇
하단양반선

拜趨青瑣入天門
배추청쇄입천문

一扇難忘殊賜恩
일선난망수사은

竹心噓動清風氣
죽심허동청풍기

紙面圓登明月痕
지면원등명월흔

多感時平霑雨露
다감시평점우로

不須炎熱避林園
불수염열피임원

願與千官揚美德
원여천관양미덕

天於東國命維敦
천어동국명유돈

---

* 端陽(단양) : 단오(端午)의 이칭이다.
* 青瑣(청쇄) : 청쇄문(青瑣門). 한(漢)나라 때의 궁궐 문 이름으로, 일반적으로 궁궐 문이나 궁궐, 조정(朝廷) 등을 지칭한다.
* 天門(천문) : 천상에 있는 문으로 상제(上帝)가 살고 있는 곳인데, 흔히 제왕의 궁전을 미화할 때 쓴다.
* 竹心(죽심) : 부채에 사용한 대나무 살을 가리키는 말로 쓰였다.
* 雨露(우로) : 비와 이슬. 임금의 은혜를 가리킨다.

단오절(端午節)에 부채를 내려주신 것에 하례하며

궁궐 문에 절하고 나아가 궁전 들어섰는데
부채로 특별히 내리신 은총 잊기 어렵습니다.
죽심은 맑은 바람 기운을 불어 움직이게 하고
지면은 둥글하니 명월의 자취 떠오르게 합니다.
시절 태평해 우로에 젖는 게 무척 감사하거늘
날 덥다고 숲과 동산으로 피할 필요 없겠지요.
원컨대 여러 관리들과 아름다운 덕 떨치시면
하늘이 동국에 부여한 명이 도타와질 겁니다.

이 시는 죽간 선생이 벼슬을 하고 있을 때가 아니라 벼슬을 그만 둔 뒤 (명에 의한 것이든 아니든) 궁궐에 들어갔을 때, 단오선(端午扇)을 하사받고 그에 대한 하례(賀禮)의 뜻으로 지은 시처럼 보인다. 그 근거는 제1구와 제7구의 내용에서 찾을 수 있다. 날마다 궁궐을 드나드는 조정 신하라면 제1구의 '배추(拜趨)'와 같은 말은 불필요하고, 벼슬을 하고 있는 자가 제7구처럼 자신을 포함한 조정 신하들과 덕을 떨치라는 당부의 말을 건네는 것이 어색하기 때문이다. 함련(頷聯:제3구와 제4구)은 부채 자체를 노래한 것인데, 제3구는 대나무 살의 용도 내지 기능을, 제4구는 부채를 펼쳤을 때의 종이 모양을 얘기하였다. 제6구는 부채의 덕을 예찬한 것인데, 부채가 있으니 숲과 동산으로 피할 필요가 없다는 뜻이다.

七夕夜卽景
칠 석 야 즉 경

南方炎熱適時休
남 방 염 열 적 시 휴

梧葉先知萬國秋
오 엽 선 지 만 국 추

烏鵲橋成天上夜
오 작 교 성 천 상 야

鴈鴻聲送客中愁
안 홍 성 송 객 중 수

衣冠嘯咏無塵世
의 관 소 영 무 진 세

絲管高低有月樓
사 관 고 저 유 월 루

堪笑人間衰老物
감 소 인 간 쇠 로 물

良辰亶合一風流
양 신 단 합 일 풍 류

---

* 烏鵲橋(오작교) : 음력 칠월 칠석에 견우와 직녀 두 별을 서로 만나게 하기 위하여 까막까치가 모여서 은하(銀河)에 놓는다는 전설상의 다리를 말한다.
* 衣冠(의관) : 의관을 갖춘 선비를 지칭하는 말이다.

칠석날 밤 눈앞의 경치

남쪽 지방 더위가 때마침 쉬게 되니
오동잎이 온 나라 가을 먼저 안다네.
오작교는 천상의 밤을 만들었을 텐데
기러기 소리는 객중의 시름 보내주리.
선비들이 시를 읊는 티끌 없는 세상,
풍악 소리 오르내리는 달이 있는 누대!
가소롭기는 인간세상 노쇠한 이 몸이
좋은 날에 진실로 풍류 함께한다는 것.

더위도 수그러든 칠석날 밤에 풍류를 즐기는 자리에서 지은 시이다. 미련(尾聯:제7구와 제8구)의 내용으로 보아 이날 연회는 죽간 선생보다는 많이 젊은 사람들이 주축이 되었던 듯하다. 제3구는 이날이 칠석날임을 알게 하는 유일한 단서이며, 제4구는 멀지 않아 그러하리라는 것이다. 경련(頸聯:제5구와 제6구)은 시(詩)와 음악(音樂)이라는 풍류의 내용을 구체적으로 밝힌 것이다.

九日登山飮
구 일 등 산 음

老去爲歡能幾時
노 거 위 환 능 기 시

數句多病苦吟呻
수 순 다 병 고 음 신

自憐輔國無良策
자 련 보 국 무 량 책

空使要津絆此身
공 사 요 진 반 차 신

遠野稻粱知熟歲
원 야 도 량 지 숙 세

晩山松竹獨長春
만 산 송 죽 독 장 춘

異代續來龍峀飮
이 대 속 래 용 수 음

黃花滿地笑羈臣
황 화 만 지 소 기 신

* 九日(구일) : 음력 9월 9일, 곧 중양절(重陽節)을 가리킨다. 옛 사람들은 '九日'이라는 두 글자만으로도 중양절을 나타냈다.
* 要津(요진) : 요직(要職). 긴요한 자리.
* 熟歲(숙세) : 곡식이 잘 여물어 농사가 잘된 해. 풍년(豊年).
* 龍峀(용수) : 용산(龍山). 진(晉)의 맹가(孟嘉)가 일찍이 정서장군(征西將軍) 환온(桓溫)의 참군(參軍)이 되었을 때, 한번은 중양일(重陽日)에 환온이 용산(龍山)에서 연회를 베풀어 그의 막료(幕僚)들이 모두 모여서 술을 마시며 즐겁게 놀았는데, 그때 마침 바람이 불어서 맹가의 모자가 날아갔으나 맹가는 미처 그것도 알아차리지 못한 채 풍류를 한껏 발휘했다는 고사가 있다.

중양절에 산에 올라 술을 마시다

늙어가며 즐거움 누릴 시간 그 얼마일까?
수십일 동안 병이 심해 괴롭게 신음했네.
나라 돕자니 좋은 계책 없는 게 안타까운데
긴요한 자리에 헛되이 이 몸을 매어두었네.
먼 들녘 벼와 기장은 풍년임을 알게 하고
저무는 산 소나무 대나무는 홀로 늘 봄빛!
용산(龍山)의 음주를 후대에 이어보자니
땅에 가득한 국화가 나그네 신하 비웃네.

이 시는 제4구의 내용으로 보아 벼슬을 살고 있을 때 지어졌을 것으로 보인다. 수십일 동안 병을 앓다가 쾌차했을 즈음에 맞은 중양절이라 즐거움 누릴 시간이 그 얼마일까 하며 다소 무리를 하여 산에 올랐을 공산이 크다. 실하게 익은 벼와 기장을 기뻐한 것이 애민(愛民)의 표현이라면, 늘 푸른 소나무와 대나무를 기뻐한 것은 충정(忠情)의 고백이라 할 수 있다. 늘 푸르다는 것은 변함없는 마음과 다르지 않기에…

冬至與客論懷
동 지 여 객 논 회

細探易理讀羲皇
세 탐 역 리 독 희 황

夜半潛雷動一陽
야 반 잠 뢰 동 일 양

老去心懷宜送寂
노 거 심 회 의 송 적

從知氣化盡無藏
종 지 기 화 진 무 장

誰將弱線新添日
수 장 약 선 신 첨 일

客欲催裝遠返鄕
객 욕 최 장 원 반 향

自是漸長君子道
자 시 점 장 군 자 도

方看東國至治香
방 간 동 국 지 치 향

---

* 羲皇(희황) : ≪주역(周易)≫의 팔괘(八卦)를 그린 태호복희씨(太昊伏羲氏)를 가리키는데, 여기서는 팔괘라는 뜻으로 쓰였다. 팔괘는 건(乾) · 태(兌) · 이(離) · 진(震) · 손(巽) · 감(坎) · 간(艮) · 곤(坤)이다.
* 潛雷(잠뢰) : 숨어 있던 우레.
* 一陽(일양) : 한 가닥 양기. 곧 ≪주역≫ 괘(卦)의 한 양효(陽爻). 동지 이전까지는 음(陰)이 극도로 왕성해지다가 동지부터 일양(一陽)이 회복되어 점차 왕성해진다.
* 氣化(기화) : 형화(形化)와 대칭되는 말로 천지자연의 기운에 의하여 무엇인가가 저절로 태어나는 것을 가리킨다.
* 弱線(약선) : 약한 실오리. 위진(魏晉) 연간에 궁중에서 붉은 실로 해의 그림자[낮의 길이]를 쟀는데, 동지 이후로는 날마다 실 하나의 길이만큼을 더하였다고 한다.
* 君子道(군자도) : 군자의 도. 여기서는 양(陽)의 기운이라는 의미로 쓰였다. 양(陽)은 남자 혹은 대인(大人)을, 음(陰)은 여자 혹은 소인(小人)을 의미하기 때문에 쓴 말이다.

동지에 손님과 더불어 심회(心懷)를 논하다

주역의 이치 자세히 탐구하며 팔괘 읽었나니
한밤중에 숨어있던 우레에서 일양이 동한다네.
늙어 가면 심회야 의당 적막하게 보내거니
기화는 다해 남은 게 없음을 알게 되었네.
누군가 약한 실오리를 새로 더하려는 날에
길손은 여장 재촉해 멀리 고향 돌아가려 하네.
오늘부터 점차 군자의 도가 자라날 것이니
동국에서 지극한 정치 향기로운 걸 보게 되리.

동지 전에 찾아왔을 손님과 더불어 동짓날 감회를 읊은 시이다. 제6구의 내용으로 보아 손님은 곧 고향으로 돌아갈 사람인 듯하다. 그렇다면 제5구의 '누군가'는 죽간 선생 자신이 된다. 새로운 마음으로 동지를 맞으려는 날에 손님이 돌아갈 뜻을 비추어 약간은 서운했던 듯하다. 동지부터는 양기가 점점 커가기에 그 상서로운 양기로 인해 동국(東國)의 정치가 향기롭게 피어나기를 염원하는 뜻이 미련(尾聯:제7구와 제8구)에 실려 있다. 함련(頷聯:제3구와 제4구)은 늙어가는 나이가 되면 심회는 적막하게 되고 새롭게 시작될 일이 없을 것임을 얘기한 것이다.

除夕
제 석

今宵中判舊新年
금 소 중 판 구 신 년

思緒悠悠正不眠
사 서 유 유 정 불 면

大地光陰寒去盡
대 지 광 음 한 거 진

時人俗尚福求先
시 인 속 상 복 구 선

一樽柏葉回春酒
일 준 백 엽 회 춘 주

萬井燈花繞曉烟
만 정 등 화 요 효 연

鐘漏催聲鷄又唱
종 루 최 성 계 우 창

元朝新日上明鮮
원 조 신 일 상 명 선

---

* 俗尚(속상) : 그 시대의 풍속상 숭상하여 좋아하는 것.
* 柏葉(백엽) : 백엽주(柏葉酒). 잣나무 잎을 담가서 우려낸 술로 정월 초하룻날 액운을 물리치는 뜻으로 먹는다.
* 燈花(등화) : 등꽃. 등불을 시적으로 나타낸 말이다.
* 鐘漏(종루) : 시간을 알리는 종과 물시계의 물방울.

섣달 그믐밤

오늘밤 중간에 묵은해와 새해가 나뉨에
생각의 실마리 길고 길어 잠들지 못하겠네.
대지에 세월 흘러 추위 다 가버린다 해도
요새 사람 풍속은 복 구하는 게 먼저라네.
한 동이 백엽주는 봄 돌아오게 하는 술,
일만 가구 등꽃은 새벽을 에운 안개인 듯…
종도 물시계도 소리 재촉하고 닭 또한 울어
첫 아침 새 햇살이 선명하게 돋아 오르누나.

이 시는 섣달 그믐밤을 보내고 설날 아침을 맞은 시점에 지은 시로 보인다. 제6구에서 제8구까지를 실제 상황으로 보지 않고 상상으로 보아 섣달 그믐밤에 지은 것으로 볼 수도 있으나 그렇게까지 무리할 필요는 없는 듯하다. 제석(除夕)은 한밤중에 묵은해와 새해가 갈리는 묘한 날이다. 그러기에 생각의 실마리가 길어져 쉬이 잠을 이룰 수가 없다. 세상 사람들은, 새해가 오면 추위가 가는 것 같은 천도(天道)의 운행(運行) 보다는 일신(一身)이나 가족의 복을 비는 일에 더 분주하다는 게 함련(頷聯:제3구와 제4구)의 뜻이다. 경련(頸聯:제5구와 제6구)은 정월 초하룻날 액운을 물리치기 위하여 백엽주(柏葉酒)를 마신다는 것과 밤새 등불을 끄지 않는다는 세시풍속을 얘기한 것이다. 미련(尾聯:제7구와 제8구)은 마침내 설날 아침을 맞았음을 말한 것이다.

觀海詩
관 해 시

極目平鋪日夜流
극 목 평 포 일 야 류

瘴雲塵雨四時秋
장 운 진 우 사 시 추

蒼茫遠接天高下
창 망 원 접 천 고 하

廣大無窮地盡頭
광 대 무 궁 지 진 두

聲教曾聞于漸夏
성 교 증 문 우 점 하

聖人思見不揚周
성 인 사 견 불 양 주

東方自古濱於海
동 방 자 고 빈 어 해

所以常常得此遊
소 이 상 상 득 차 유

---

* 瘴雲(장운) : 장기(瘴氣)를 띤 습한 구름. 장기는 열병(熱病)을 일으키는 산천(山川)의 나쁜 기운을 가리키는데 주로 열대 지역에 많이 생긴다고 한다.
* 塵雨(진우) : 흙먼지가 섞여 내리는 비.
* 地盡頭(지진두) : 땅이 다한 머리. 곧 땅이 끝난 곳이라는 뜻이다.
* 聲教曾聞于漸夏(성교증문우점하) : '聲教'는 임금의 교화가 백성에게 미치는 덕을 말한다. '于漸夏'는 ≪서경(書經) · 우공(禹貢)≫에서, "동쪽으로는 바다에까지 이르도록 적셔 주고 서쪽으로는 유사에까지 그 은택이 미치게 한다.[東漸于海 西被于流沙]"는 말에서 뜻을 취한 것으로, (교화의 덕이) 하나라 때는 바다에까지 이르렀다는 의미이다.
* 聖人思見不揚周(성인사견불양주) : '聖人'은 고려의 임금을 지칭한 말이다. '思見'은 간절히 보고 싶다는 뜻이다. '不揚周'는 주나라처럼 드날리지 못하겠느냐고 반문(反問)한 말로 이해된다.

바다를 바라보며 지은 시

눈 다하도록 평평히 펼쳐져 밤낮으로 흘러
사시사철 습한 구름 뜨고 먼지 비 내리는데
아득히 먼 곳에서는 하늘과 위아래로 맞닿고
땅이 끝난 곳에서는 광대하여 다함이 없구나.
교화의 덕이 하나라 땐 바다까지 이른 걸 들었거늘
보게 되리라, 성인이 주나라처럼 드날리지 못하시랴!
동방이 예로부터 바닷가에 위치하고 있어
그런 까닭에 늘 이런 유람 누릴 수 있다네.

기련(起聯:제1구와 제2구)은 끊임없이 출렁이는 바다와 바다에서 볼 수 있는 변화무쌍한 기상(氣象)을 얘기한 것이고, 함련(頷聯:제3구와 제4구)은 원해(遠海)와 근해(近海)의 모습을 묘사한 것이다. 경련(頸聯:제5구와 제6구)은 하(夏)나라의 덕화(德化)를 거론하면서 우리의 임금 또한 주(周)나라처럼 국위(國威)를 드날리게 되리라고 하는 희망을 노래한 것이다. 미련(尾聯:제7구와 제8구)은 고려의 영토가 바다와 면하고 있어 이런 유람을 할 수 있게 된 것을 기뻐한 것이다.

竹林七賢歌
죽 림 칠 현 가

晉代七賢興汗漫
진 대 칠 현 흥 한 만
竹林隨處座成團
죽 림 수 처 좌 성 단
功名些視還如芥
공 명 사 시 환 여 개
心臭相求可似蘭
심 취 상 구 가 사 란
務高善飮酣酣醉
무 고 선 음 감 감 취
祖尙清談脈脈看
조 상 청 담 맥 맥 간
風頹俗敗無窮弊
풍 퇴 속 패 무 궁 폐
只恐當年辭責難
지 공 당 년 사 책 난

---

* 竹林七賢(죽림칠현) : 진(晉) 초기에 완적(阮籍), 혜강(嵇康), 산도(山濤), 상수(向秀), 완함(阮咸), 왕융(王戎), 유령(劉伶) 등 7인이 서로 친하게 지내면서 예속(禮俗)에 얽매이지 않고 노장(老莊)의 학설을 말하기 좋아하였는데, 술을 즐겨 마시면서 항상 죽림(竹林) 사이에 모여 놀았기 때문에 당시 사람들이 그들을 죽림칠현(竹林七賢)이라 호칭했던 데서 온 말이다.
* 心臭(심취) : ≪주역(周易) · 계사전상(繫辭傳上)≫에서, "두 사람이 마음을 같이하면 그 날카롭기가 쇠도 자를 수 있고, 마음을 같이하는 사람들의 말은 그 향기롭기가 난초와 같다.〔二人同心 其利斷金 同心之言 其臭如蘭〕"고 하였으니 '心臭'는 마음과 말 내지는 마음과 향기 정도로 풀면 될 듯하다.
* 酣酣(감감) : 술이 거나하여 기분이 좋은 모양.
* 淸談(청담) : 속되지 않고 청아(淸雅)한 이야기라는 뜻인데, 특히 위진(魏晉) 시대의 죽림칠현 등 많은 지식인들이 세상일에 연루되지 않기 위하여 이를 즐긴 경향이 강하였다.
* 脈脈(맥맥) : 애정이 가득한 눈빛으로 바라보는 모양.

죽림칠현을 노래함

진대 일곱 현인의 흥취는 끝이 없어
죽림 가는 곳마다 자리 둥글게 만들었는데
공명은 또 티끌처럼 대수롭잖게 여겼음에
마음과 말로 서로 찾은 게 난초와 같았네.
고상함에 힘쓰고 잘 마셔 기분 좋게 취했고
청담 받들고 숭상하며 다감하게 바라보았지.
풍속은 무너지고 폐단은 다함이 없어
당시에 책임 못 면할까 그저 두려워했던 것.

죽림칠현이 죽림에서 청담을 일삼고 술을 즐겨 마신 것이 "책임 못 면할까 그저 두려워했던 것" 때문이라 한 죽간 선생의 견해는 역사적인 평가에 비추어볼 때 매우 정확한 것이다. 여기에 그치지 않고 제7구에서 언급한 그 원인 분석 역시 명쾌하다고 할 수 있다. 이 시처럼 역사상의 인물을 제재로 삼아 지은 시를 통상 영사시(詠史詩)로 칭한다.

屈原詞
굴 원 사

夢見屈原 故末句云 夢中得見
몽견굴원 고말구운 몽중득견

屈子高風我所欽
굴 자 고 풍 아 소 흠

沅湘千載怨同深
원 상 천 재 원 동 심

賦懸日月才堪惜
부 현 일 월 재 감 석

木落江潭恨獨吟
목 락 강 담 한 독 음

異代文章誰不淚
이 대 문 장 수 불 루

爲人臣子摠傷心
위 인 신 자 총 상 심

夢中得見槁枯色
몽 중 득 견 고 고 색

忠義堂堂罕古今
충 의 당 당 한 고 금

---

* 末句(말구) : 보통 칭하는 마지막 구(句)가 아니라 마지막 연(聯)이라는 뜻으로 쓰였다.
* 屈子(굴자) : 전국시대 초(楚)나라의 충신 굴원(屈原)을 가리킨다.
* 沅湘(원상) : 원수(沅水)와 상수(湘水)의 합칭이다. 굴원(屈原)이 조정에서 쫓겨난 뒤로 이 원수와 상수 사이를 유랑하며 시를 읊조리다가 끝내 여기에 투신자살하였다.
* 異代(이대) : 다른 시대. 곧 후대(後代).
* 文章(문장) : 문장가(文章家). 시문(詩文)을 짓는 사람이라는 뜻으로 쓰였다.
* 槁枯色(고고색) : 깡마르고 초췌한 안색.

굴원을 노래함

꿈에서 굴원을 보았기 때문에 말구에서 "꿈속에서 볼 수 있었나니"라고 하였다.

굴원의 고매한 풍모는 내가 존경하는 바인데

원수와 상수엔 천년토록 슬픔이 함께 깊으리.

남긴 시문 일월처럼 매달렸으니 정말 아까운 재주,

나뭇잎 지는 강가에서 한스러움은 홀로 읊었으리.

후대의 문장가 누군들 눈물 흘리지 않으랴!

사람의 신하된 자도 모두 마음아파 하리라.

꿈속에서 초췌한 안색 볼 수 있었나니

충의의 당당함은 예나 지금이나 드물리라.

죽간 선생의 시에 가장 많이 등장하는 중국의 역사인물은 굴원(屈原)이다. 굴원은 전국시대 초(楚)나라의 충신으로 이름이 높은 사람이니 이 점만 놓고 보더라도 죽간 선생이 얼마나 철저한 유가(儒家)였던가를 알 수 있다. 유가에서 표방하는 덕목 가운데 으뜸자리에 놓이는 것이 바로 충(忠)이기 때문이다. 굴원은 또 단순히 충신이었을 뿐 아니라 뛰어난 시인이기도 하였다. 그리하여 제3구에서 남긴 시문이 일월처럼 매달렸다고 하였던 것이다. 그 시문에 담긴 주된 사상이 충이니 문장가라면 누구나 눈물을 흘리고, 신하된 자라면 누구나 마음아파 하리라고 하였다. 죽간 선생이 얼마나 굴원을 사모했으면 꿈까지 꾸었을까? 앞에서는 나라를 위하는 척하면서 뒤로는 제 실속 다 챙기는 이 시대 거짓된 위정자들은 이 시를 보면서 통렬히 반성할 일이다.

贈山居人
증 산 거 인

炎盡凉來夜氣清
염 진 양 래 야 기 청

烟收霧破月將生
연 수 무 파 월 장 생

人無事業難經濟
인 무 사 업 난 경 제

士到文章卽善鳴
사 도 문 장 즉 선 명

山雲繞砌憐侵屐
산 운 요 체 련 침 극

---

* 經濟(경제) : 경국제세(經國濟世)의 준말로 나라를 경영하고 세상을 구제한다는 뜻이다. 또 경세제민(經世濟民)의 준말로 파악하여 세상을 경영하고 백성을 구제한다는 뜻으로 풀어도 된다.

* 善鳴(선명) : 잘 울다. 시문(詩文)으로 세상에 명성을 드날리는 것을 비유한다. 당(唐)나라의 한유(韓愈)가 <송맹동야서(送孟東野序)>에서 "음악은 마음속의 답답함을 밖으로 쏟아 내는 것이다. 잘 우는 것을 택하여 그것을 빌려서 우니, 금 · 석 · 사 · 죽 · 포 · 토 · 혁 · 목 여덟 가지는 물건 가운데 잘 우는 것이다.〔樂也者 鬱於中泄於外者也 擇其善鳴者而假之鳴 金石絲竹匏土革木八者 物之善鳴者也〕"라고 하면서 맹교(孟郊)를 선명자(善鳴者)에 비유한 데서 온 말이다.

石澗當窗愛濯纓
석 간 당 창 애 탁 영

幅巾藜杖從遊地
복 건 려 장 종 유 지

多謝幽人顧我情
다 사 유 인 고 아 정

---

* 石澗(석간) : 산골짜기의 돌이 많은 곳에 흐르는 시내.
* 濯纓(탁영) : 갓끈을 씻는다는 말로 세속을 벗어난 고결한 모습을 뜻한다. 초(楚)나라 굴원(屈原)이 지은 <어부사(漁父辭)>에서, "창랑의 물이 맑으면 내 갓끈을 씻고, 창랑의 물이 흐리면 내 발을 씻으리라.〔滄浪之水淸兮 可以濯我纓 滄浪之水濁兮 可以濯我足〕"라 한 말에서 유래하였다.
* 幅巾(복건) : 한 폭의 천으로 만든 두건으로 은사(隱士) 등이 쓰며, 그를 본떠 벼슬아치나 선비가 한가하게 지낼 때 쓰기도 하였다. 머리 쪽은 대체로 둥글고 이마 부근에서 같은 천의 끈으로 뒤로 묶고 목 뒤로는 천이 늘어지게 되어 있다.
* 藜杖(여장) : 청려장(靑藜杖). 명아주 줄기로 만든 지팡이이다. 명아주 줄기가 단단하고 가벼워서 노인들의 지팡이를 만들기에 좋다고 한다.
* 幽人(유인) : 속세를 피해 조용히 사는 사람을 말하지만, 벗님 정도로 풀어도 무방하다.

산속에 사는 사람에게 드리다

더위 다하고 서늘함이 와 밤기운 맑은데
안개 걷혀 사라지고 나면 달이 돋겠지요.
사람에게 사업 없으면 경세제민하기 어렵고
선비가 문장에 통달하면 잘 울게 된다지요.
산 구름이 섬돌 에우면 나막신 적실까 애타도
바위틈 시내가 창 마주해 갓끈 즐겨 씻겠네요.
복건에 청려장 짚고 따르며 노닐던 곳에서
벗님께서 날 돌봐준 정에 깊이 감사드립니다.

역자가 이런 시 한 수를 받는다면 천금과도 바꾸기 싫을 정도로 이 시는 훌륭한 작품이다. 이 시는 '산속에 사는 사람'이 늦여름에서 초가을로 넘어갈 무렵에 죽간 선생을 초청하여 대접하고 함께 유람을 마친 뒤에 초청 받은 죽간 선생이 그에 대해 감사의 뜻으로 지어준 시이다. 아마 저녁상을 물린 뒤쯤 아직 산안개가 걷히지 않아 달은 볼 수 없는 시각이었을 것이다.[제1구와 제2구 참조] 함련(頷聯:제3구와 제4구)을 통해 이 '산속에 사는 사람'의 재능이 비범하며 시문에도 매우 뛰어나다는 것을 말하였다. 제3구에서 말한 사업은 오늘날 일반적으로 얘기하는 사업과는 본질적으로 다르다. 이 시에서 말한 사업이란 나라로부터 맡겨진 과업의 의미이기 때문이다. 경련(頸聯:제5구와 제6구)은 '산속에 사는 사람'의 은자적(隱者的) 삶을 얘기한 것인데 특히 제5구의 묘사가 기발하여 사람을 놀라게 한다. 미련(尾聯:제7구와 제8구)에는 죽간 선생의 그날 차림새와 결코 가볍지 않은 감사의 뜻이 잘 나타나 있다.

早秋晩興
조추만흥

生平安養氣堂堂
생평안양기당당

獨坐淸宵意思長
독좌청소의사장

撥悶無妨傾酒白
발민무방경주백

出言聊合少雌黃*
출언료합소자황

梧桐月霽房櫳淨
오동월제방롱정

黍稻花開野水香
서도화개야수향

紫蟹肥魚多別味
자해비어다별미

衰年終老此江鄕
쇠년종노차강향

* 雌黃(자황) : 유황(硫黃)과 비소(砒素)를 혼합하여 만든 안료(顔料)로, 옛날에 황지(黃紙)에 글씨를 쓰다가 잘못 썼을 경우에 이것을 사용해서 글자를 지우고 그 위에 다시 썼다. 시문(詩文)을 고쳐 쓰는 일이나 의론(議論)이나 평론(評論), 선악과 시비를 뜻하는 말로 쓰인다.

이른 가을 저물녘 흥취

평생토록 편안히 휴양해 의기 당당한데
맑은 밤에 홀로 앉았자니 생각 길어라.
고민 덜자면 막걸리 기울여도 무방하나니
말할 적엔 그럭저럭 시비 없도록 해야지.
오동에 달이 개자 방의 창문 깨끗하고
기장과 벼꽃 피자 들녘 물이 향기롭네.
붉은 게와 살찐 물고기 정말 별미거니
늙은이는 이 강마을에서 노생 마치리라.

제목에서는 '저물녘 흥취'라고 하였지만 기실 이 시의 시간적 배경은 밤이다. 맑은 밤에 홀로 앉아 고요히 생각에 잠기자면 누구든 고민스러운 게 없을 리 없다. 그때쯤이면 술이라도 들이키는 게 낫다는 것이 죽간 선생의 생각이다. 대개 고민 꺼리는 말에서 비롯되는 경우가 많은 까닭에 제4구에서 말은 시비가 따르지 않도록 할 것을 주문하였다. 기장과 벼도 잘 자라고 거기에 더해 붉은 게와 살찐 물고기까지 곁들일 수 있는 강마을이면 여생을 보내기에 충분하다고 여기는 죽간 선생의 소탈함이 잘 표현된 시이다.

新秋逢鄭侍御
신추봉정시어

眼界羣山翠不童
안계군산취부동
夕陽蟬語屋梢東
석양선어옥초동
萍水幸逢知己友
평수행봉지기우
籬根不見讀書人
리근불견독서인
柳分三逕陰深淺
류분삼경음심천
雲聳千峯氣健雄
운용천봉기건웅
老病惟思歌泰世
노병유사가태세
有時遙望紫宸宮
유시요망자신궁

---

* 萍水(평수) : 물 위에 뜬 개구리밥이라는 뜻으로, 이리저리 정처 없이 떠돌아다니는 것을 비유한다.
* 三逕(삼경) : 세 갈래 길. 전한(前漢) 때 장후(蔣詡)가 두릉(杜陵)에 은거하면서 집 안에 삼경 즉, 세 갈래 길을 내고 송(松) · 죽(竹) · 국(菊)을 심어 당시 고사(高士)였던 양중(羊仲)과 구중(求仲) 두 사람하고만 어울렸다고 하는 고사에서 비롯된 말이다. 보통 은자(隱者)가 사는 곳을 뜻하는 말로 많이 쓰인다.
* 讀書人(독서인) : 독서하는 사람. 원문의 '人'자는 압운자(押韻字)가 될 수 없는 글자로 '翁'자를 잘못 쓴 것이다.
* 紫宸宮(자신궁) : 임금이 조정 백관과 외국 사신들을 접견하는 정전(正殿) 이름인데, 임금이 사는 궁궐이라는 뜻으로 많이 쓰인다.

첫가을에 정 시어를 만나다

눈앞의 여러 산들 푸르러 맨 땅이 안 보이는데
해질 무렵에 집 동쪽 나뭇가지에서 매미가 웁니다.
부평처럼 떠돌다 다행히 날 알아주는 벗 만났으나
울타리 밑에서 책 읽던 사람은 보이지 않았지요.
버들이 세 갈래 길 나눠 그늘은 깊고 또 얕은데
구름이 봉우리마다 솟아 기세 크고 웅장합니다.
늙고 병들어 오직 태평세상 노래할 것만 생각하며
이따금 멀리로 임금 계시는 궁궐 바라본답니다.

제4구의 내용으로 보아 정 시어는 애초에 죽간 선생과는 이웃에 살았던 듯하다. 그러다가 정 시어가 벼슬살이를 하게 되어 서로 자주 만나지 못하게 되었을 것이다. 이 시는 어쩌면 정 시어가 잠깐 낙향했을 때 만나 회포를 풀 때 지어졌을 것으로 보이지만, 제목에 쓴 '봉(逢)'자 때문에 만난 장소를 추정하기조차 다소 애매하다. 죽간 선생의 처소였다면 제목에 '견방(見訪:방문을 받다는 뜻)'이라 적었을 것이고, 정 시어의 처소였다면 '방(訪)' 혹은 '심(尋)'이라는 글자를 썼을 것이기 때문이다. 그러나 제1구와 제5구의 내용으로 짐작하건대 최소한 죽간 선생의 처소는 아니었던 듯하다. 미련(尾聯:제7구와 제8구)의 내용으로 보자면 죽간 선생은 이 때 확실히 벼슬에서 물러난 상태였음을 알 수 있다.

和尹山人
화 윤 산 인

舊知新契好相逢
구 지 신 계 호 상 봉

病起兼旬始整容
병 기 겸 순 시 정 용

滿路風埃螢化草
만 로 풍 애 형 화 초

晩山秋氣鶴巢松
만 산 추 기 학 소 송

論心斜抱琴三尺
논 심 사 포 금 삼 척

遣憫勤謀酒一鍾
견 민 근 모 주 일 종

聞說君家多勝景
문 설 군 가 다 승 경

恨吾緣薄未能從
한 오 연 박 미 능 종

* 兼旬(겸순) : 스무날. '旬'은 열흘이라는 뜻이다.
* 螢化草(형화초) : 반딧불로 화한 풀. 풀이 썩어 반딧불이 되었다는 말이다. ≪예기(禮記) · 월령(月令)≫에서, "유월에는 썩은 풀이 반딧불이 된다.〔季夏之月 腐草爲螢〕"라고 한 데서 온 말로, 보통 6월이 되었음을 뜻한다.

윤 산인에게 화답하다

오랜 친구와 새로운 모임이니 좋은 만남인 것,
병 나은 지 스무날 만에 처음 모양을 냈습니다.
길 가득 티끌이라 풀은 썩어 반딧불이 되었는데
저문 산에 가을 기운 돌고 학이 둥지 튼 소나무!
심사 논하며 석 자짜리 거문고 비껴 안고
번민 삭히고자 한 잔 술 애써 도모했지요.
듣자니 그대 집에 경치 좋은 곳 많다는데
내 인연 박해 따르지 못함이 한스럽습니다.

병석에서 일어난 지 얼마 되지 않은 죽간 선생이 생긴 지 얼마 되지 않은 모임에서, 익히 알고 지낸 사이인 윤 산인으로부터 시 한 수를 받고 거기에 화답(和答)한 시이다. 함련(頷聯:제3구와 제4구)의 내용으로 보아 이 시는 입추(立秋)를 막 지난 시점에 쓴 듯하다. 옛사람들은 대충 입추만 지나도 시문에 가을이라는 말을 많이 사용하였다. 경련(頸聯:제5구와 제6구)은 거문고도 뜯고 술도 마시며 회포를 풀고 있는 모습을 사실적으로 묘사한 것이다. 이 자리에서 윤 산인이 자기 집 주변 경치를 자랑하며 한번 놀러 오라고 했을 것이지만, 죽간 선생은 아마 아직 완전하지 못한 건강 상태를 이유로 완곡하게 거절했을 듯하다. 인연이 박해 따라가 함께 놀지 못하는 것이 한스럽다고 한 것은 바로 그러한 뜻이다.

輓權翰林
만 권 한 림

許己百年誓比隣
허 기 백 년 서 비 린

文章行義卓無倫
문 장 행 의 탁 무 륜

同浮滄海知何日
동 부 창 해 지 하 일

共謝青雲在往春
공 사 청 운 재 왕 춘

古來修短雖天命
고 래 수 단 수 천 명

今去幽冥傷我神
금 거 유 명 상 아 신

公家惟見多餘蔭
공 가 유 견 다 여 음

賢子令孫摠可人
현 자 령 손 총 가 인

---

* 行義(행의) : 의로운 일을 행함. 또는 그러한 행동.
* 青雲(청운) : 보통은 벼슬길이라는 의미로 쓰이지만, 여기서는 벼슬을 나타내는 말로 쓰였다.
* 餘蔭(여음) : 선조(先祖)가 쌓은 공덕(功德)으로 자손(子孫)이 받는 복(福).

권 한림에 대한 만사

백년지기 허락하고 이웃되기를 맹세하였나니
문장과 행의(行義)는 탁월하여 짝이 없었지요.
같이 창해에 뜬 때가 어느 날이었던가요?
함께 벼슬길 사양한 건 지난봄이었는데…
예부터 수명의 장단은 천명이라 했어도
오늘 저 세상 가시니 내 맘 아파옵니다.
공(公)의 집에 남은 복 많다는 걸 아나니
어질고 뛰어난 자손들 모두 인물이 될 겁니다.

권 한림은 죽간 선생과 함께 동래(東來)한 지기(知己)이다. 함께 이웃이 되기를 맹세하고 또 함께 벼슬길에서 물러났지만, 사람마다 다르게 타고나는 천명(天命)은 어쩔 수 없어 먼저 간 벗을 위해 남아 있는 벗이 그저 마음 아파하고 있을 따름이다. 다행히 남은 복이 많아 자손들 모두가 훌륭하니 그것으로 고인의 넋을 위로하고 자신의 마음을 달래고 있다.

輓南侍郞
만 남 시 랑

粤自東來已識公
월 자 동 래 이 식 공

功名事業與年崇
공 명 사 업 여 년 숭

接人顔範常持敬
접 인 안 범 상 지 경

輔國心籌每效忠
보 국 심 주 매 효 충

遙望雲樹相思際
요 망 운 수 상 사 제

奄去泉臺似夢中
엄 거 천 대 사 몽 중

曉天落月空垂淚
효 천 락 월 공 수 루

吾亦人間白髮翁
오 역 인 간 백 발 옹

---

* 粤自(월자) : ~로부터. '粤'은 문장의 첫머리에 쓰여 신중함을 나타낸다.
* 顔範(안범) : 얼굴 표정과 예의범절. 모습과 태도.
* 心籌(심주) : 마음 씀씀이.
* 雲樹(운수) : 두보(杜甫)가 <춘일억이백(春日憶李白)> 시에서 자신과 이백이 만나지 못하는 처지를 "위수 북쪽 봄날의 나무 한 그루, 장강 동쪽 저물녘 구름.[渭北春天樹, 江東日暮雲.]"이라고 노래하였는데, 원문의 '雲樹'는 여기서 뜻을 취한 것으로 서로 멀리 떨어져 있어 만나지 못하는 친구의 마음을 비유한다.
* 泉臺(천대) : 저세상. 천하(泉下)·천양(泉壤)과 같은 말로 무덤을 뜻한다.

남 시랑에 대한 만사

동국으로 오고부터 이미 공(公)을 알았나니
공명도 사업도 나이와 더불어 높았었지요.
사람 대하는 모습과 태도는 늘 정중하셨고
나라 돕는 마음 씀은 매번 충을 본받았지요.
구름과 나무 멀리 바라보며 그리워할 즈음에
갑자기 저세상으로 가시니 꿈속의 일인 듯…
새벽하늘 지는 달 보며 부질없이 눈물 흘리지만
저 역시 인간세상에서 백발인 노인일 뿐입니다.

남 시랑 역시 권 한림과 마찬가지로 죽간 선생과 함께 동래(東來)한 지기(知己)이다. 기련(起聯:제1구와 제2구)의 내용으로 보아 중국에서는 잘 알지 못했지만 고려에 와서 서로를 잘 알게 된 듯하고, 나이가 팔학사(八學士) 가운데 최고의 연장자였거나 최소한 죽간 선생보다는 연상이었을 것으로 여겨진다. 제3구는 사람을 대하는 태도를, 제4구는 나라를 위해 일에 임하는 태도를 말한 것이다. 경련(頸聯:제5구와 제6구)은 멀리 떨어져 있어 그리워하고 있던 차에 느닷없이 부음(訃音)을 듣게 된 상황을 얘기한 것이다. 미련(尾聯:제7구와 제8구)은 빈소로 달려가지도 못하고 새벽하늘에 지는 달을 보며 눈물을 흘리지만, 죽간 선생 역시 멀지 않아 저 세상으로 가게 될 것임을 아프게 노래한 것이다.

第五. 序

浮海小序
부 해 소 서

夫子有乘桴浮海之歎而不果也 然而士之不得於朝者 往往有浮海者 師襄之入 屈原之放 逢萌之浮 梁鴻之竄 皆是也 以數子之賢且忠 旣不救時行志 亦不能回天弭謗 落拓至此 況賢與忠 不及數子者乎 余以不才 猥忝朝班 粗效君子事君之道 以直行之 不容於朝 我安適兮 東望海上 廣桑一區 朝陽鮮明 昔檀君建都之地 箕子受封之域 而有仁賢之遺化 亦一小中華也 駕陶朱五湖之棹 學子長江淮之遊 周流而下 江湖之勝 風煙之色 非直爲忘辱遺名利之資 而亦足爲快心胸之壯觀也 夫子浮海之說 豈欺我哉

바다에 배를 띄운 일에 대한 짧은 글

공자(孔子)께서 뗏목을 타고 바다에 떠서 떠나리라고 한[6] 탄식(歎息)이 있었으나 실천하지는 못하셨다. 그러나 선비 가운데 조정에서 뜻을 얻지 못하면 종종 바다에 뜬 자가 있었으니, 바다로 들어간 사양(師襄)[7]과, 추방당한 굴원(屈原)[8]과, 바다에 떠 요동(遼東)으로 간 방맹(逢萌)[9]과, 산속으로 숨어든 양홍(梁鴻)[10]이 모두 그러한 예이다. 이 몇몇 사람의 어짐과 충성스러움으로도 이미 시폐(時弊)를 구하지도 뜻을 행하지도 못하고, 또한 군주의 마음을 돌리지도 비방을 막지도 못하여, 실의에 빠져 이 지경에 이르렀거늘, 하물며 어짐과 충성스러움이 이들에게 미치지 못하는 자들이야 말할 필요가 있겠는가! 나는 재주도 없이 외람되게 조정(朝廷)의 반열을 더럽히며, 군자가 임금 섬기는 도를 거칠게 본받아, 충직(忠直)으로 그것을 행하였으나 조정에서 용납되지 않았으니, 내가 어디로 가야할까? 동쪽으로 바다를

---

6 공자(孔子)께서……떠나리라고 한 : ≪논어(論語) · 공야장(公冶長)≫에서 공자가 말하기를, "도가 행해지지 않으니, 뗏목을 타고 바다에 떠서 떠나리라.〔道不行 乘桴浮于海〕"고 하였다.

7 사양(師襄) : 춘추시대 노(魯)나라 악관(樂官)으로 공자가 그에게 거문고를 배웠다고 한다. ≪논어(論語) · 미자(微子)≫에서, "경쇠를 치던 사양(師襄)은 바다로 들어갔다.〔擊磬襄 入於海〕"고 하였다.

8 굴원(屈原) : 전국시대 초(楚)나라 대부(大夫)로 이름이 평(平)이고 자가 원(原)이었다. 처음에는 회왕(懷王)의 신임이 두터웠으나 소인의 참소로 쫓겨나게 되자 소상(瀟湘) 일대에서 유랑하다가 스스로 물에 빠져 죽었다.

9 방맹(逄萌) : 한(漢)나라 때 사람으로 왕망(王莽)이 한나라를 찬탈하자 가족을 이끌고 바다를 건너 요동으로 옮겨갔다고 한다.

10 양홍(梁鴻) : 후한(後漢) 때의 사람이다. 부인 맹광(孟光)과 서로 공경했다는 거안제미(擧案齊眉)의 고사가 있는데, 이 부부는 패릉(覇陵)의 산속으로 들어가 평생토록 은거하며 살았다.

바라보았더니 광상산(廣桑山)[11] 한 구역에 아침햇살이 선명하였다. 옛날에 단군(檀君)[12]이 도읍을 세운 땅이자 기자(箕子)[13]께서 봉지(封地)로 받은 지역으로 인현(仁賢)의 덕화(德化)가 남아 있으니 또한 하나의 작은 중화(中華)이다. 도주(陶朱)가 오호(五湖)에 띄운 배[14]를 타고, 사마자장(司馬子長)이 강회(江淮)에서 놀던[15] 것을 배워, 두루 흘러 내려왔더니 빼어난 강호(江湖)에 바람과 안개가 아름다웠다. 영욕(榮辱)을 잊고 명리(名利)를 버릴 바탕이 될 뿐 아니라 또 마음과 가슴을 기쁘게 할 장관(壯觀)이기도 하였다. 공자께서 바다에 떠서 떠나리라고 한 말씀이 어찌 나를 속인 것이겠는가!

---

11 광상산(廣桑山) : 중국 동해에 있다는 신선의 산으로 공자가 광상진군(廣桑眞君)이 되어 이 산을 다스린다고 하는 전설이 있다. 여기서는 우리나라, 곧 고려를 가리키는 말로 쓰였다.

12 단군(檀君) : 우리나라 최초의 임금으로 기원전 24세기경에 단군조선(檀君朝鮮)을 건국한 후 우리나라 시조(始祖)의 신(神)으로 신봉되었다.

13 기자(箕子) : 은(殷)나라 주왕(紂王)의 숙부로 은나라가 망한 뒤 주(周)나라 무왕(武王)으로부터 조선(朝鮮)에 봉해져 예의 · 전잠(田蠶) · 방직을 가르치고 팔조법금(八條法禁)을 행하였다고 한다.

14 도주(陶朱)……배 : 도주는 춘추시대 범려(范蠡)의 별칭이다. 그는 월왕(越王) 구천(句踐)을 섬겨 오(吳)나라를 멸망시키는 공을 세웠으나, 구천의 사람됨이 환란은 함께할 수 있으나 안락은 함께하기 어려운 사람이라 여기고는 떠났다. 후일 큰 재산을 모아 가난한 사람들에게 나누어준 뒤 서시(西施)와 함께 오호(五湖)에 배를 띄우고 여생을 보냈다고 한다.

15 사마자장(司馬子長)이……놀던 : 자장은 전한(前漢)의 태사령(太史令)이었던 사마천(司馬遷)의 자(字)이다. ≪사기(史記) · 태사공자서(太史公自序)≫에 의하면 그는 용문(龍門)에서 태어나 20대에 남쪽으로 강수(江水)와 회수(淮水)를 유람하고 회계산(會稽山)에 올랐다고 한다.

第六. 記

愁送臺記
수송대기

臺以愁送名 蓋欲送其漂泊之愁也 余自少時 猥忝朝班 以救時行志爲事君之心 而直以行之 不容於朝 故遂乃踽凉落拓以至於此 烏其能無愁乎 每當窮山木落之秋 海上月明之夕 西望中州 則其慕君之誠 懷古之思 凄然成一部淚而已 然而士之不得於朝者 亦命也 豈可歎息愁恨 至死不已乎哉 子思子曰 君子不怨天不尤人 此是君子之所可能 非後生之所可易者 然當使吾心常存此訓 則亦足以忘其不平底懷也 若如是也 愁之送在乎吾心之如何耳 特以築其臺 名其臺 奚哉 余有所取者 夫臺者 可以寓登臨逍遙之樂 而爲忘寵辱悲喜之資耳 故名其臺曰愁送 與同來二三子 日以登斯誦栗里歸來之辭 暢蘭亭觴詠之情 安分命遺名利 而悠然自得 則屈三閭吟騷之怨 賈長沙詠鵬之恨 猶可以忘諸中也 然則吾之心 庶無自欺 而臺之名 亦得其宜也夫 於是乎記

수송대기

대(臺)를 수송(愁送)으로 명명한 것은 그 표박(漂泊)의 시름[16]을 보내고자 함 때문이다. 내가 젊었을 때부터 외람되게 조정(朝廷)의 반열을 더럽히며, 시폐(時弊)를 구하고 뜻을 행하는 것을 임금 섬기는 도로 삼아 충직(忠直)으로 그것을 행하였으나 조정에서 용납되지 않았기 때문에, 마침내 실의에 빠져 외로워하며 여기[17]에 이르게 되었으니, 어찌 시름이 없을 수 있겠는가! 외진 산에 나뭇잎이 지는 가을이나 바다위로 밝은 달이 떠오르는 저녁이면 매양 서쪽으로 중원 땅을 바라본 즉, 임금을 사모하는 정성(精誠)과 옛날을 생각하는 그리움이 처연하게 한 줄기 눈물을 자아내고는 하였다. 그러나 선비가 조정에서 뜻을 얻지 못한 것 또한 천명(天命)이니, 어찌 탄식하며 근심하고 원망하는 일을 죽어서야 그만두겠는가! 자사(子思)께서, "군자(君子)는 하늘을 원망하지 않고, 사람을 탓하지 않는다.[18]"고 하셨으니, 이는 군자가 할 수 있는 바로 후생(後生)이 가볍게 여길 것이 아니다. 그러니 내 마음을 늘 이 가르침 속에 있게 한다면, 또한 그 불평스런 회포도 잊을 수가 있을 것이다. 이와 같다면 시름을 보내는 것은 내 마음이 어떠한가에 달려 있을 뿐이리라. 특별히 그 대(臺)를 짓고 그 대에 이름을 붙인 것은 어째서인가? 내가 취하는 바가 있기 때문이다. 무릇 대란 오르고 내리며[19] 소요하는

16 표박(漂泊)의 시름 : 배를 타고 물위에 떠서 고려(高麗) 땅에 온 일로 인한 시름을 말한다. 간단히 동래(東來)한 일로 인한 시름이라 할 수 있다.

17 여기 : '여기'에는 두 가지 함의가 있는데, 고려라는 지리적 공간과 궁박한 처지라는 심리적 공간이 바로 그것이다.

18 군자(君子)는……않는다 : ≪논어(論語) · 헌문(憲問)≫에서 인용한 말이다.

19 오르고 내리며 : 원문의 '등림(登臨)'은 산에 오르고[登山] 물가에 임한다[臨水]는 말로 유람을 가리키지만 편의상 오르고 내린다는 뜻으로 풀었다.

즐거움을 깃들여, 영욕(榮辱)과 희비(喜悲)를 잊게 하는 바탕으로 삼을 수 있다. 그리하여 그 대에 이름을 붙여 '수송(愁送)'이라 하였던 것이다. 함께 온 친구 몇 명과 더불어 날마다 여기에 올라, 율리(栗里)의 <귀거래사(歸去來辭)>[20]를 외우고, 난정(蘭亭)에서 술 마시고 시를 읊은[21] 정회를 펴, 분수(分數)와 천명(天命)을 편안히 여기고 명리(名利)를 버리고서 유유자적하게 지낸다면, 굴삼려(屈三閭)가 <이소(離騷)>를 읊은 원망(怨望)[22]과 가장사(賈長沙)가 <복조부(鵩鳥賦)>를 읊은 통한(痛恨)[23]도 오히려 이 대(臺) 안에서 잊을 수 있을 것이다. 그렇다면 내 마음에는 거의 스스로가 속이는 것이 없을 것이며, 대의 이름 또한 그 의당함을 얻게 될 것이다. 이에 기문을 적노라.

---

20 율리(栗里)의 <귀거래사(歸去來辭)> : 율리는 강서성(江西省) 성자현(星子縣)에 있으며, 진대(晉代)의 도연명(陶淵明)이 살던 곳인데 여기서는 도연명의 대칭(代稱)으로 쓰였다. <귀거래사>는 그가 벼슬을 버리고 고향으로 돌아갈 때 지은 글인데 후에는 사임 성명서와 같은 의미로 해석되었다.

21 난정(蘭亭)에서……읊은 : 진(晉)나라 때 명필 왕희지(王羲之)가 삼월 삼짇날 당시의 명사(名士) 41명과 회계(會稽) 산음(山陰)에 있는 난정(蘭亭)이란 정자에 모여 수계(修禊)하며 물굽이에 잔을 띄워 술을 마시는 이른바 유상곡수(流觴曲水)를 즐기고 시를 지은 일을 가리킨다. 이때의 자세한 정황이 왕희지가 지은 <난정기(蘭亭記)>에 보인다.

22 굴삼려(屈三閭)가……원망(怨望) : 굴삼려는 전국시대 초(楚)나라 삼려대부(三閭大夫)였던 굴원(屈原)을 가리킨다. 소인의 참소로 쫓겨나게 되자 이를 비관하여 스스로 물에 빠져죽었다. 그가 쫓겨난 후에 지은 <이소(離騷)>를 통해 임금이 간신의 유혹에 빠져 충신 군자를 몰라보는 것에 대한 원망과 임금이 잘못을 깨닫고 정도(正道)로 돌아와 자기를 다시 불러주기를 바라는 뜻을 서술하였다.

23 가장사(賈長沙)가……통한(痛恨) : 가장사는 한(漢)나라 때의 가의(賈誼)를 가리킨다. 그는 글을 잘 지어 문제(文帝) 때 박사(博士)가 되었지만 후일 좌천되어 장사왕(長沙王)의 태부(太傅)가 되었다. 그가 장사에 있을 때 올빼미의 일종으로 불길한 새인 복조가 지붕 위에 날아와 모인 일이 있었다. 당시 민간에 전하는 말로는 복조가 지붕에 앉으면 그 집 주인이 죽는다고 하였으므로 그가 슬퍼하며 지은 부가 바로 <복조부(鵩鳥賦)>인데, 그가 이 부를 지은 지 얼마 되지 않아 세상을 떠나니 그때 나이가 겨우 33세였다고 한다.

감수 金容稷

경북 안동 출생. 서울대학교 문리과대학 국어국문학과 졸업. 서울대학교 인문대학 교수 역임. 현 서울대학교 명예교수, 학술원 회원. 저서로 『韓國近代詩史』 1 · 2권, 『韓國現代詩史』 상 · 하권, 『한국문학을 위한 담론』, 『북한문학사』, 『해방직후 한국시와 시단의 형성 전개사』, 『碧天集』, 『松濤集』, 『懷鄕詩抄』, 『採情集』 등 다수.

번역 · 해설 姜聲尉

경북 안동 출생. 서울대학교 중어중문학과 졸업. 경희대학교 연구박사, 서울대학교 중국어문학연구소 책임연구원, 안동대학교 퇴계학연구소 책임연구원 등 역임. 현재 해동문집연구소 부소장으로 있으면서 서울대학교에 출강.

저서로 『中國詩와 詩人』(공저), 『고적 · 잠참시선(高適 · 岑參詩選)』, 역서로는 『두보 지덕연간시 역해』(공역), 『完譯 杜甫律詩』(공역), 『眺山觀水集』 등 다수.

천년의 향기 간행위원회

위 원 장	**유 길 종**
부위원장	**유 영 일**
	유 재 성
총괄기획	**유 부 철**
주 간	**유 영 문**
위 원	**유 찬 종**
	유 영 기
	유 경 상

천년의 향기

초판인쇄/2013년 10월 22일
초판발행/2013년 10월 25일
발행인/민유정
발행처/대경북스
ISBN/978-89-5676-424-5

등록번호 제 1-1003호
서울시 강동구 풍성로51길 17(성내3동 409-5) 서림빌딩 2F
전화: (02)485-1988, 485-2586~87 · 팩스: (02)485-1488
e-mail: dkbooks@chol.com · http://www.dkbooks.co.kr